#Maipiùsposebambine Initiative
[Keine Kinderbräute mehr]

ICH BIN DOCH NUR EIN KIND

(Geschichten über Missbrauch und Misshandlung in der verwehrten Kindheit von Kinderbräuten)

Wanda Montanelli

© 2020 Montanelli, Wanda
Herstellung und Verlag: BoD – Books on Demand, Norderstedt
ISBN: 9783752687866

Erstausgabe: 19. Dezember 2018, StreetLib Write
Wanda Montanelli – Sono soltanto una bambina
ISBN: 9788829576920

Deutsche Fassung 20. Oktober 2020
Übersetzer: Frank Münker
Lektorat: Matthias Gruner, https://www.gruner-korrekt.de

Das Titelbild „Bambina Sposa" (Kinderbraut) wurde von dem Künstler Michele Zatta im März 2019 erstellt, um das Thema dieses Buches zu illustrieren.

Facebook:
https://www.facebook.com/SonoSoltantoUnaBambina/

INHALT

KAPITEL I

GESCHICHTEN ÜBER KINDERBRÄUTE

Gewidmet all den tapferen kleinen Mädchen, die sich gegen die Kinderheirat aufgelehnt haben, und allen anderen, die, obwohl sie selbst zur Heirat gezwungen wurden, darum kämpfen, dass ihre eigenen Kinder es besser haben.

Von Puppen zu Ehemännern

Dies sind wahre Geschichten.
Sie geschahen in Ländern, in denen es üblich ist,
junge Mädchen zu zwingen, nicht mehr mit
Puppen zu spielen, sondern von einem Ehemann
beherrscht zu werden, der meistens älter ist, ein
Fremder, den die Familie auswählt.

Die gefolterte Kinderbraut
Ein Symbol der Menschenrechte

Die Geschichte von Sahar Gul ist exemplarisch, sie ist ein Zeugnis von unfassbarer Grausamkeit.

Das Bild des kleinen Mädchens, das von ihren Peinigern zur Prostitution gezwungen wurde, ist ein Bild des Leidens: ihre geschwollenen Augen, die Prellungen in ihrem Gesicht, ein verbranntes Ohr, ihre Hände – ohne Fingernägel, weil die niederträchtigen Verbrecher sie ihr ausgerissen hatten – sind von dunklem Schorf und Wunden übersät.

Jeder, der das Foto des kleinen Opfers gesehen hat, verspürte eine Welle der Abscheu und Empörung. Die Öffentlichkeit, die Presse, die sozialen Netzwerke, die Verbände, sie alle haben ihre scharfe Ablehnung und die Verurteilung des Täters zum Ausdruck gebracht.

Sahar Gul weigerte sich, eine Prostituierte zu sein, und wurde dafür gefoltert

Der Grund für diesen Wahnsinn war, dass das kleine Mädchen sich weigerte, eine Prostituierte zu sein. Als kleine Sklavin, die zu einer frühen Heirat gezwungen wurde, wurde ihr schnell klar, dass der Grausamkeit ihres tyrannischen Ehemannes, des Soldaten Gulam Sakhi, keine Grenzen gesetzt waren. Der erwachsene Mann raubte ihr nicht nur ihre Unschuld, sondern war überzeugt, dass er mit ihrem abgemagerten Körper Geld verdienen könnte, indem er sie an seine krankhaften Kameraden verkaufte.

Er schwang sich zum Herrscher über Leben und Tod des Kindes auf und mit Hilfe seiner Verwandten, die genauso grausam und gierig waren wie er selbst, zwang er Sahar dazu, bezahlten Sex mit Männern jeden Alters über sich ergehen lassen zu müssen, um sich so skrupellos zu bereichern.

Die Ehe von Sahar und Gulam ist eine der vielen – zu vielen! – Zwangsehen, die bei nüchterner Betrachtung nichts anderes als Verbrechen von Pädophilen an unschuldigen kleinen Mädchen sind.
Von Anfang an war es die Absicht der gesamten Familie des Soldaten gewesen, Geld damit zu verdienen, seine kleine Frau Perversen anzubieten, damit diese ihren Trieb befriedigen könnten. Dabei scherten sie sich nicht im mindesten um den Widerstand des kleinen Mädchens, ihren Schmerz und ihren ungeheuren Ekel.

Ein unerträgliches Leben, dann ihre Flucht und Rettung

Was passiert in einem Haus, in dem Erwachsene eine Minderjährige gefangenen halten? Und wie fühlt sich ein zwölfjähriges Mädchen, das in der Falle sitzt?
Zuerst war Sahar die Unabänderlichkeit ihrer Situation nicht bewusst. Man hatte ihr gesagt, dass es ihre Pflicht sei zu heiraten, dass es ein natürliches Ereignis sei, die einzige Möglichkeit, in Würde zu leben, wobei der Mann des Hauses für den gesamten Haushalt verantwortlich sei. Sie sagten ihr, dass Frauen das eben tun müssen: heiraten, ihrem Mann gehorchen und Kinder bekommen. Ihre Eltern, vor allem ihre Mutter, zwangen sie dazu, diese Ehe einzugehen. Wie gerne hätte sie eine mitfühlende Mutter gehabt, die sie hätte fragen können, was mit ihr geschieht. Wie all die anderen Männer, die ihren Körper benutzten, in das Bild passten: alte Männer, junge Männer, Fremde, vor denen sie sich ekelte. Die, wenn sie sich ihr näherten, ihr Herz so schnell zum Schlagen brachten, dass sie das Gefühl hatte, es würde zerbersten, oder vor Angst einfach stehen bleiben.
Sie hasste sie. Und sie hasste ihren Ehemann. Sie verabscheute all die Erwachsenen, die ihr die Ehe als eine glückliche Fügung darstellten. Sämtliche ihr gegebenen Versprechen wurden nicht erfüllt. Obwohl sie zur Heirat gezwungen worden war,

hatte sie gedacht, dass sie dennoch Zuneigung, liebevolle Gesten, mitfühlende Worte und gute Manieren bekommen würde. Aber nichts dergleichen bekam sie. Sie war eine Gefangene und ihr Mann war ein Peiniger. Er war weder ein Ehemann, noch ein Freund oder Verwandter. Er war ein Brutalo. Ihre Schwiegermutter und ihre ganze Familie waren noch schlimmer als er. Dabei war Sahar erst ein Kind.

Sahar wusste nicht, an wen sie sich unter den Menschen wenden sollte, die in ihrem Haus ein- und ausgingen.

Sie war verzweifelt, wenn sie die unfassbaren Worte ihrer Verwandten hörte, die – jedes Mal, wenn ein Fremder die Schwelle überquerte – darauf bestanden, dass sie sich zur Hure machte. Sie widersetzte sich, sie schrie und weinte, aber ihr Ehemann und ihre Schwiegereltern fanden schnell drastischere Methoden: Sie wandten Drohungen und andere Zwangsmaßnahmen an, um den Widerstand des Kindes zu brechen.

Für Sahar war es unerträglich, mit ihrer Angst, den schlaflosen Nächten und der Furcht zu leben, jeden Tag aufs Neue beleidigt und gedemütigt zu werden. Als ihr klar wurde, dass es in ihrem Leben keine Freiheit und keine Zukunft geben würde, handelte sie.

Eines Tages lief sie weg und bat die Nachbarn um Hilfe: „Sie zwingen mich, Sex mit anderen Männern zu haben!", sagte sie. „Wenn ihr

Moslems seid, dann müsst ihr mir helfen und der Polizei sagen, was sie mit mir machen."

Die Nachbarn meldeten sofort, was passiert war. Die Polizei griff ein und stellte Gulam Sakhi zur Rede. Der entschuldigte sich und versprach, die Folter Sahars zu unterlassen. Er bat darum, dass das kleine Mädchen nach Hause zurückkehren solle.
Leider schickte die Polizei – nachdem sie Gulam verwarnt hatte – Sahar nach Hause zurück und tat so, als glaubten sie an die Reue des Mannes.
Wenn man es jedoch mit einem Ungeheuer zu tun hat, dann ist es unverzeihlich töricht, ein Kind in seinen Händen zu lassen. In keiner Geschichte jemals, sei sie wahr oder erfunden, hat sich ein Ungeheuer durch eine einfache Verwarnung der Behörden in ein Unschuldslamm verwandelt.

Nach der Heimkehr wurde der Alptraum für Sahar nur noch schlimmer

In einem winzigen Raum in einem kleinen Haus im Bezirk *Pol-e Khomri* in der Provinz *Baghlan* (Afghanistan) begann ihre schrecklichste Zeit. Sahar wurde gefoltert, geschlagen, angekettet und ohne Essen in einem Keller eingeschlossen. Verletzt, gedemütigt und unter großen Schmerzen war sie der Grausamkeit ihrer Verwandten hilflos ausgeliefert, die sich wie lupenreine Kriminelle verhielten, bis einer ihrer Onkel sie etliche Monate später besuchte. Diesem Mann fiel sofort auf, dass das Gesicht des Kindes geschwollen war. Ihr ganzer Körper war mit blauen Flecken übersät und ihre Augen waren voller Tränen. Er war entsetzt. Ihm war gleich klar, mit welch unvorstellbarer Grausamkeit er konfrontiert war.

Er beschloss sofort, die Angelegenheit der Polizei zu melden und die Schande öffentlich zu machen.

Er erzählte so vielen Menschen wie möglich und berichtete auch den Behörden über die skandalöse Behandlung des kleinen Mädchens, die mit mittelalterlicher Folter vergleichbar war. Eine so brutale Gewalttätigkeit, dass sie lange Zeit nicht laufen konnte und auf einen Rollstuhl angewiesen war.

Das Bild des gefolterten kleinen Mädchens ging um die ganze Welt. Durch die Berichterstattung in der Presse sah ganz Afghanistan Sahars geschwollenes Gesicht, ihre schwarzen Augen, ihren geschundenen Körper und ihren verzweifelten Blick. Dieser Fall wurde durch Websites, Blogs und soziale Medien, die sich mit den Menschenrechten befassten, zu einer ultranationalen Schande, obwohl die Behörden und die Familie alles versucht hatten, diesen heimtückischen und grausamen Skandal zu vertuschen.

Ein vom Präsidenten eingesetzter Untersuchungsausschuss

Hamid Karzai, der Präsident Afghanistans, ordnete die Bildung eines Untersuchungsausschusses an, woraufhin Sahars grässlicher Ehemann und seine kriminellen Verwandten strafrechtlich verfolgt wurden. Seine Verwandten wurden verhaftet, auch gegen Gulam Sakhi gab es einen Haftbefehl, allerdings war dieser mittlerweile untergetaucht. Aber weil das Urteil im nationalen afghanischen Fernsehen übertragen wurde, gab es nicht viele Orte, an denen sich der Mann verstecken konnte. Das war im Mai 2012. Im Juli wurden die Schwiegermutter, der Schwiegervater und die Schwägerin von Sahar zu zehn Jahren Gefängnis wegen versuchten Mordes verurteilt.

Aber wie konnte überhaupt jemand die absolute Macht über eine Kindfrau haben?

Sahars Geschichte begann im Mai 2011, als sie erst 12 Jahre alt war. Sie wurde für 5.000 Dollar an ihre Peiniger verkauft, die unmittelbar eine Zwangsheirat arrangierten. Dadurch erhielten sie sie alle rechtliche Macht über das Kind.

Der Plan war, sie sexuell auszubeuten und sich von skrupellosen Pädophilen gut bezahlen zu lassen, die sich durch die Einwilligung ihres Mannes nicht von Sahars Tränen und leidenden Blicken abhalten ließen und sie ohne jegliche Gewissensbisse schändeten. Sahar Guls Isolation im Haus dauerte bis zu dem Tag an, an dem ihr Onkel eingriff. Das Einschreiten der Polizei und die Entscheidung von Präsident Karzai führten zu einem Aufruhr in namhaften Zeitungen in aller Welt.

The Times verbreitete in ihrer afghanischen Ausgabe einen Artikel unter dem Titel „Lasst uns das tödliche Schweigen über die Stellung der Frau brechen". Zeitungen, Zeitschriften und Blogs befeuerten die öffentliche Debatte, bis die parlamentarischen Institutionen ein Gesetz verabschiedeten, das „häusliche Gewalt" zu einem Verbrechen machte.

So begann in Afghanistan ein Prozess der Anerkennung und des Umdenkens in den

Teilen der Gesellschaft, die die Macht über Leben und Tod von Ehefrauen immer noch als legitim betrachten, sogar wenn es sich nur um kleine Mädchen handelt. Dies ist zwar ein erfreulicher Anfang, aber das Ende der Geschichte hinterlässt einen bitteren Nachgeschmack.

Zehn Jahre Gefängnis für die Folterer, die sie aber nicht verbüßen müssen

Obwohl der Fall einen internationalen Aufschrei auslöste, sprach das Gericht die Peiniger nach einer weiteren Anhörung wieder frei, in einem halbleeren Gerichtssaal in Abwesenheit der Gegenparteien und der Ministerialbehörden. Und das obwohl diese zuvor zu zehn Jahren Haft verurteilt worden waren.

Später verurteilte ein Berufungsgericht die Folterer zu fünf Jahren Haft mit der Möglichkeit für das Opfer, Schadenersatz zu fordern.

Während des Prozesses fand Sahar Zuflucht bei den *Women for Afghan Women* (Frauen für afghanische Frauen), einer Organisation, die sich um misshandelte afghanische Frauen kümmert und ihnen rechtliche Hilfe und die

Unterbringung in eigens dafür errichteten Unterkünften gibt.

Am Internationalen Frauentag 2012 wurde in der afghanischen Hauptstadt Kabul ein Internet-Café für Frauen im Namen von Sahar Gul eröffnet.

Mit der Anerkennung durch die Öffentlichkeit und dem Gefühl, das Richtige getan zu haben, sah Sahar für sich einen Hoffnungsschimmer, auch wenn ihre Frustration damit leider nicht vorüber war. Phasen der Hoffnung und der Enttäuschung wechselten sich ab. Ihr war klar, dass der Prozess vor Gericht leider noch nicht abgeschlossen war. Sie hätte gerne auf die weiteren Torturen, Verhöre und Konfrontationen mit denen, die ihr Unrecht getan hatten, verzichtet. Sie litt sehr darunter, ihre Angehörigen wiederzusehen und hoffte immer, es wäre das letzte Mal. Dann entflammte ihre Verbitterung aufs Neue, als ein weiteres Urteil die Freilassung ihrer Folterer anordnete.

Dennoch beschloss Sahar, in die Zukunft zu blicken. Mit der Hilfe neuer Freunde und der – auch psychologischen – Unterstützung des Vereins versuchte das Mädchen, den Schmerz, den sie nie vergessen kann, zu bewältigen. Sie begann zu lernen, fing buchstäblich bei null an, denn zum Zeitpunkt ihrer Heirat war sie Analphabetin gewesen.

Jetzt versucht sie, ihrem Leben eine positive Wendung zu geben. Sie träumt davon, sich politisch zu engagieren, um Maßnahmen und Gesetze zu erlassen, die verhindern, dass andere Frauen so leiden müssen, so wie sie gelitten hat. Sie möchte gerne die erhaltene Hilfe zurückgeben. Sie versucht das Böse zu vergessen, damit es nicht länger Teil ihres Bewusstseins und ihrer Gedanken ist.

Maha, von Puppen zu einem Ehemann

„Mein Vater hat mich zur Heirat gezwungen, weil er von einer Vergewaltigung gehört hat und Angst hatte, dass das meiner Schwester und mir auch passieren könnte. Ich hatte keine Wahl."
Das sagt Maha, eine 13-jährige, die sehr jung schwanger wurde. Ihr Mann Abdullah ist 10 Jahre älter als sie. Sie sind beide syrische Flüchtlinge, die in Jordanien Zuflucht vor dem Krieg gefunden haben. Abdullah, der Mann der jungen Maha, versucht, die Gründe für Kinderheiraten zu erklären: „Wenn wir noch in Syrien wären, dann hätten wir nicht geheiratet, sie ist noch zu jung. Aber es gab in unserem

Lager viele Vergewaltigungen und ihr Vater hatte Sorge, dass das auch Maha zustoßen könnte."

Jeden Tag versucht man sich dort vor den Bomben zu schützen, das bloße Überleben ist schwierig. Aber genauso schwierig ist es auch, sich vor Armut und Gewalt zu schützen. Das sind die Hauptgründe, warum viele Eltern ihre Töchter zur Kinderheirat zwingen. Bei einem Viertel aller Hochzeiten syrischer Flüchtlinge, die in Jordanien registriert sind, ist die Braut unter 18 Jahre alt. Das gibt die Organisation *Save the Children* (Rettet die Kinder) in ihrem Dossier „Too young to marry" (Zu jung zum Heiraten) an, das auf erfassten Daten und Zeugenaussagen der Kinderbräute basiert.

Kinderheiraten waren in Syrien schon vor dem Krieg ziemlich verbreitet, etwa 13 % der Bräute waren kaum mehr als Kinder.

Als dann der Krieg ausbrach, nahm dieses Phänomen exponentiell zu. Heutzutage sind in Jordanien etwa 25 % der syrischen Bräute jünger als 18 Jahre. In etwa der Hälfte der Fälle wurden die Mädchen dazu gezwungen, Männer zu heiraten, die mindestens zehn Jahre älter sind als sie. Dieser Trend hält an, wenn man bedenkt, dass im Jahr 2011 die Ehen mit einer

Kinderbraut nur 12 % aller Eheschließungen ausmachten. Diese Zahl stieg auf 25 % im Jahr 2013 an, und diese Entwicklung hat sich in den folgenden Jahren weiter fortgesetzt.

Maha und Abdullah, Ehepartner wider Willen

„Mir wurde die Zukunft gestohlen", sagt Maha mit traurigen Augen, „mein Leben ist verloren. Das ist nicht das, was ich mir für mich erträumt habe. Ich wollte nicht, dass ich ohne jede Hoffnung, glücklich zu sein, in meine Zukunft blicke".[1]

Was bedeutet Glück für Maha, wenn sie nicht in der Lage ist zu studieren, sich zu emanzipieren und finanziell unabhängig zu werden?

So wie sie müssen viele Mädchen, die zur Heirat gezwungen werden, von der Schule abgehen und können nicht länger davon träumen, in einer besseren Gesellschaft zu leben, an einem Ort, an dem die Rechte der Frauen und die Menschenrechte generell respektiert werden.

80.000 Flüchtlinge leben im *Zaatari*-Lager in einer Halbwüste, dem größten Lager im Norden Jordaniens. Sie leben dort in prekären Verhältnissen und versuchen Tag für Tag, in der Hoffnung auf die Unterstützung durch die Regierung zu überleben. Einige versuchen, ihrem Leben eine Struktur und einen Sinn zu geben, indem sie kleine Geschäfte für Billigwaren eröffnen oder sich als Handwerker verdingen.

In einem der Tausenden von Zelten im Lager finden wir Nadia, eine weitere Kinderbraut im Alter von nur 15 Jahren. Wie Maha und viele andere ist sie sich bewusst, dass sie keine Zukunft hat:

„Seit ich ein Kind war", sagt das Mädchen, „habe ich davon geträumt an der Universität Ernährungswissenschaften zu studieren. Ich habe davon geträumt, mein eigenes Haus zu haben, und ich wollte erst nach Abschluss meiner Ausbildung heiraten. Aber man hat mir meine Zukunft gestohlen, mein Leben ist verloren. Es ist alles zerstört."[2]

Es ist nicht immer möglich, diesen jungen Mädchen zu Hilfe zu kommen, die sich so sehr gewünscht haben, normal aufzuwachsen, sich zu entwickeln und ihr Leben selbst in die Hand zu nehmen.

Seit einigen Jahren gibt es zahlreiche Organisationen, die Programme aufgelegt haben, um Kindern in Kriegsgebieten zu helfen und auch sonst junge Menschen in ländlichen

Gebieten zu unterstützen, in denen das Überleben schwierig ist: *Amnesty International, UNICEF, Save the Children und Amref*.
Im Jahr 2011 haben die *Elders*, eine internationale Organisation von Pazifisten und Menschenrechtsverteidigern, eine globale Initiative gegen Kinderheirat unter dem Namen *Girls Not Brides* (Mädchen, nicht Bräute) ins Leben gerufen, der zurzeit mehr als 1.000 Verbände angehören, die sich für das gemeinsame Ziel einsetzen, die Kinderheirat bis zum Jahr 2030 abzuschaffen.

Dieses Projekt ist für jeden von großer Bedeutung, der sich verpflichtet fühlt, für die Rechte der Schwächsten zu kämpfen. Die Organisation, der ich selbst angehöre, hat sich *Girls Not Brides* angeschlossen und ist sehr motiviert. Auch die Überwachungsstelle für die Wahrung der Chancengleichheit *Onerpo* unter dem Vorsitz von Aura Nobolo gehört zu den Organisationen, die für dieses Grundrecht kämpfen.
In partnerschaftlicher Zusammenarbeit verbreiten wir über soziale Netzwerke die Ziele und Initiativen unserer Gruppe, z.B. auf der Facebook-Seite „Keine Kinderbräute mehr" (#maipiùsposebambine).
Die Zugriffszahlen auf unsere Seiten zeigen uns, dass es eine erhebliche Sensibilisierung

von Menschen gibt, die wie wir auf allen Ebenen, national wie international, entschlossen handeln wollen, um das gemeinsame Projekt zur Abschaffung der Kinderheirat in allen Ländern der Welt vollständig zu verwirklichen.

Kinderheiraten in Mexiko. Itzels Geschichte, die mit 14 Jahren heiratete

Itzel und Jesús kannten sich schon als Kinder. Sie mochte ihn sehr und im Alter von 14 Jahren verliebte sie sich in den gutaussehenden 17-jährigen. Das passiert vielen Mädchen auf der ganzen Welt, aber in Mexiko heiraten Jugendliche oft schon sehr früh. Nach Informationen der *Vereinten Nationen* haben 6,8 Millionen Mexikaner vor dem 18. Lebensjahr geheiratet.

Itzel heiratete Jesús, weil sie von ihrer Familie überzeugt worden war, dass das so für alle das Beste sei.
Sie ging von der Schule ab und blieb zu Hause, um die Hausarbeit zu erledigen und sich um die Tiere zu kümmern.
In dem kleinen Haus mit einem kleinen Stück Land darum herum war ihr Leben sehr einsam.

Die Tage waren monoton und anstrengend, es gab wenig Freude und niemand hatte ein Lächeln für sie übrig, sie hatte viele Pflichten und kaum Rechte.

Aber niemand konnte ihr das Recht nehmen, davon zu träumen, sich ein anderes Leben vorzustellen. Sich daran zu erinnern, wie sorglos ihr Leben zuvor gewesen war. Als sie einfach ausgehen konnte, als sie sich mit ihren Freundinnen traf und mit ihnen herumalberte, spazieren ging und zur Schule ging.

Itzel erinnerte sich daran, wie sie sich früher einmal gewünscht hatte, besser informiert und gebildet zu sein, einen Beruf zu erlernen und einen Job zu haben. Aber jetzt war sie nur eine Ziegenhirtin.

Als sie einmal eine kärgliche Mahlzeit allein zu sich nahm, war Itzel sehr traurig und hätte gerne allen jungen Mädchen gesagt: „Überlegt euch gut, bevor ihr heiratet. Vor allem aber geht weiter zur Schule. Ich bereue es sehr, nicht weiter zur Schule gegangen zu sein, und ich frage mich, ob ich im Leben noch jemals eine Chance bekommen werde. Ich würde so gerne wieder in die Schule gehen."[3]

Itzel hatte die Konsequenzen der Kinderheirat vorher nicht überblickt, aber jetzt erlebte sie es am eigenen Leib und sah, dass sie sich damit jede Möglichkeit für ihre persönliche Entwicklung verbaut hatte. Sie beschloss daher, dem Rat einer ehemaligen Klassenkameradin zu folgen und wandte sich an einen Verein, um praktische Unterstützung zu erhalten und aus dieser Situation herauszukommen. Dort wurde sie freundlich aufgenommen und man half ihr, Schulungen zu besuchen und ihr Selbstwertgefühl wiederzugewinnen, sodass sie über eine bessere Zukunft nachdenken konnte.

Die Organisation *Girls Not Brides*, die in Mexiko wie überall auf der Welt präsent ist, ist sehr erfolgreich bei der Unterstützung dieser verzweifelten Mädchen, die nicht wissen, an wen sie sich wenden können. In den Dörfern neigen Freunde und Familienmitglieder oft dazu, die Mädchen davon zu überzeugen, dass ihr Schicksal unausweichlich ist, obwohl sie in Wirklichkeit erst Jugendliche oder sehr junge Mädchen sind, die ihr ganzes Leben noch vor sich haben.

Ohne Hilfe müssten sie sich dem Willen ihrer Angehörigen unterwerfen, deshalb gewinnen diese Organisationen immer mehr an Bedeutung. Die Unterstützung dieser Mädchen fängt bei präventiven Maßnahmen an, die verhindern sollen, dass sie dazu gezwungen werden, die Schule zu verlassen, um zu heiraten. Diese Maßnahmen richten sich an die Familien. Es gibt dafür Versammlungen in den Dörfern, bei denen alle Gefahren, die sich aus der Kinderheirat ergeben, erklärt und beschrieben werden. Durch Aufklärungsfilme, Fallbeispiele und Erfahrungsberichte wird den Eltern klargemacht, dass Schwangerschaften in sehr jungem Alter viele Gefahren in sich bergen. Ihnen werden die Risiken erklärt, denen Mädchen ausgesetzt sind, wenn sie ein Kind vor ihrem 18. Lebensjahr zur Welt bringen, von Fehlgeburten über Säuglingssterblichkeit bis hin zu schwerwiegenden gesundheitlichen Folgen während und nach der Schwangerschaft.

Das fortlaufende Engagement der Aktivisten der humanitären Vereinigungen richtet sich vor allem an sehr arme Familien, die in ländlichen Gegenden Mexikos wie Chiapas, Guerrero und Veracruz leben, wo sie ohne Unterstützung absolut keine Chance hätten, ihre Situation zu verbessern und zu verstehen, dass 40 % der Menschen, die in jungen Jahren heiraten, ein schweres Schicksal haben, das die gesamte Volkswirtschaft belastet.

Nojoud, der Mut zur Scheidung im Alter von 10 Jahren

„Ich will die Scheidung." Das war die überraschende Erklärung eines kleinen Mädchens, das vor dem Richter stand und seine Absicht verkündete, sich aus den Fesseln ihrer Ehe zu befreien.

Nojoud Ali, die 1998 in einem kleinen Dorf im Jemen geboren wurde, ist Co-Autorin des Buches über ihre Geschichte, das in 17 Sprachen übersetzt wurde. Sie ist die jüngste Geschiedene der Welt.

Aufgrund der Armut ihrer Familie nahm ihr Vater den Heiratsantrag eines Dreißigjährigen an, als das Mädchen erst neun Jahre alt war. Dadurch war Nojoud Ali gezwungen, die Schule zu verlassen, um eine Ehefrau zu werden. Sie verließ ihre Familie und lebte bei ihrem Bräutigam. Sie verrichtete die Hausarbeit und ihre Tage waren von täglicher sexueller Gewalt und Schlägen geprägt. Dies geschah vor den Augen der Mutter ihres Mannes, die ihn nicht nur dafür verteidigte, sondern ihn sogar noch in seinem „Recht" unterstützte, mit dem Mädchen zu machen, was immer ihm beliebte.

Nojoud Ali war erst zehn Jahre alt und gerade erst verheiratet, als sie entschied, dass es ihr reichte. Sie wollte den Schikanen eines

30-jährigen Ehemannes entkommen, der ihr das Recht genommen hatte, ein Kind zu sein und sie in die Hölle gestürzt hatte.

Eine Frau aus ihrer Familie half ihr, von ihr bekam sie wertvolle Ratschläge. Dowla, die zweite Frau ihres Vaters, sagte ihr, sie solle weglaufen und sich auf die Suche nach einem Gericht machen.

Also lief sie weg. Als sie ein Gericht fand, bat sie einen Richter, ihr zu helfen. Es wurde ein Verfahren eingeleitet und in der Zwischenzeit wurde Nojoud Ali im Haus eines anderen Richters untergebracht, der daraufhin eine Organisation, die gegen Kinderheirat kämpft, um Unterstützung bat.

Die Aktivisten dieses Zentrums reichten daraufhin mit Unterstützung einer Anwältin eine Klage ein, die exemplarisch für viele andere Mädchen unter den gleichen Umständen sein sollte.

Nojoud Ali klagte gegen ihre eigene Familie, die sie zur Heirat gezwungen hatte, um von ihrem Bräutigam eine kleine Mitgift zu erhalten und gleichzeitig einen Mund loszuwerden, den sie zu füttern hatten.

Die Anwältin Chadha Nasser, die Nojoud Ali unentgeltlich vertrat, klagte ihren Ehemann an, durch die Vergewaltigung eines kleinen Mädchens gegen das Gesetz verstoßen zu haben. Und sie klagte Nojouds Vater an, über das Alter seiner Tochter gelogen zu haben.

Während der Verhandlung lehnte Nojoud Ali den Vorschlag des Richters ab, nach fünf Jahren zu ihrem Mann zurückzukehren. Sie konnte diesen Mann und seine Familie nicht mehr ertragen.
Nojoud Ali wurde am 15. April geschieden. Ihre Geschichte wird in dem Buch „Ich, Nojoud, 10 Jahre, geschieden" erzählt, das Nojoud mit der französischen Journalistin Delphine Minoui schrieb.[4]

Das Buch, in 17 Sprachen übersetzt, wurde mit großem Erfolg verkauft und von der Regisseurin Khadija Al Salami verfilmt, die selbst ein Opfer – eine ehemalige Kinderbraut – ist, sie hatte das gleiche Schicksal und eine ähnliche Flucht vor einem tyrannischen Ehemann hinter sich.

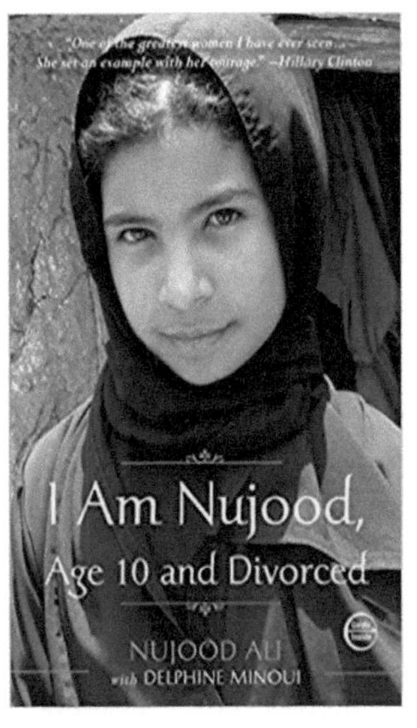

Nojoud Alis Geschichte wird sehr persönlich und nachdrücklich vor dem Hintergrund einer ländlichen Umgebung im Jemen erzählt, ähnlich wie in vielen anderen Entwicklungsländern, in denen die Rechte von Mädchen und Frauen nicht anerkannt werden. Wo niemand auf den Schmerz achtet, den ein kleines Mädchen empfindet, wenn sie, ihrer Kindheit, ihrer Träume und ihrer Pläne für ein glückliches Leben beraubt, sich als Gefangene eines Mannes wiederfindet, an einem Ort, der all ihr Dasein verfinstert.

Das Buch und der Film über Nojoud Ali sind sowohl eine Warnung als auch die Hoffnung auf eine bessere, freiere, menschlichere und gerechtere Gesellschaft, ohne Missbrauch und Mobbing auf Kosten der Schwächsten. Eine Gesellschaft, die offen ist für einen kompletten Wandel, um den Traum vieler kleiner Mädchen zu verwirklichen: eine Gesellschaft, in der jeder

Mensch Rechte hat. Eine Gesellschaft, die von Armut und von der Notwendigkeit befreit ist, die eigenen Kinder verkaufen zu müssen.

Khadija, auch eine Kinderbraut, heute eine erfolgreiche Filmregisseurin

Khadija Al-Salami wurde 1966 in Sana'a, der Hauptstadt des Jemen, geboren. Im Alter von 11 Jahren wurde sie gezwungen, einen 30-jährigen Mann zu heiraten. Aber obwohl ihr Volksstamm und ihre Familie Ehen zwischen kleinen Mädchen und Erwachsenen, die teilweise dreißig oder vierzig Jahre älter waren, legitim und normal empfanden, fand sie sich mit diesem Missbrauch nicht ab.
Das Kind verweigerte den Sex mit ihrem Mann. Daraufhin gab dieser sie wie eine defekte Ware an ihre Familie zurück.
Eines Tages nahm Khadija all ihren Mut zusammen und beschloss, die Hauptfigur in ihrem eigenen Leben zu werden, sich scheiden zu lassen und einen besseren Menschen aus sich selbst zu machen, vielleicht sogar einen glücklichen.

Sie lief von ihrem Mann weg, wandte sich an eine Organisation zum Schutz von

Frauenrechten, die ihr half, Arbeit bei einem lokalen Fernsehsender zu finden. Das markierte den Beginn ihrer Heilung, ihren Einstieg in ein Arbeitsumfeld, das ihr sehr gefiel. Das sollte ihr Studium, ihre Arbeit und ihren Erfolg als Regisseurin sehr prägen.

Mit 16 Jahren bekam sie ein Stipendium, mit dessen Hilfe sie ihre Ziele erreichen konnte. Sie ging zum Studium in die USA und schloss ihr Studium der Filmproduktion und Regie mit Bestnoten ab.

Danach lebte sie in Frankreich und startete eine Karriere als Dokumentarfilmerin. Sie drehte Dutzende von Filmen über die Rolle der jemenitischen Frauen und Mädchen.

In Anerkennung ihres Engagements für den Schutz von Kinderbräuten wurde sie vielfach ausgezeichnet. Sie wurde von Frédérick Mitterrand, dem damaligen Minister für Kultur und Kommunikation, zum *Ritter des Ordens der Künste und Literatur* ernannt. Sie erhielt von vielen Institutionen Auszeichnungen, darunter auch von der *Fremdenlegion*.

Ihr Film „Ich, Nojoud, 10 Jahre alt, geschieden" gewann 2014 einen Preis beim Internationalen Filmfestival in Dubai.

Khadija Al-Salami, ist die erste jemenitische Filmregisseurin und steht für das Engagement und den Mut der Frauen ihres Landes. Sie ist ein Beispiel für alle Mädchen, die sich nicht den grausamen, altmodischen, ländlichen Bräuchen unterwerfen wollen, die aus Ignoranz ihre Grundrechte auf ein Leben in Freiheit und ohne Missbrauch, mit Füßen treten.

Malala Yousafzai, das Nobelpreismädchen

Malala ist überzeugt, dass Mädchen ein Recht auf Bildung haben. Sie war zehn Jahre alt, als das *Swat*-Tal, der Bezirk Pakistans, in dem sie lebte, von den Taliban angegriffen wurde, die das Recht auf Bildung durch die Schließung vieler Schulen, darunter auch Malalas, abschafften.

Unter dem Pseudonym *Gul Makai* beschrieb Malala in einem BBC-Blog das Leben unter der Herrschaft der Taliban. Das war 1999. Das Mädchen arbeitete mit mehreren großen Zeitungen zusammen, darunter die *New York Times*, in der sie ihre Opposition zu der Taliban-Herrschaft zum Ausdruck brachte, die die Bildung für alle pakistanischen Bürger, insbesondere für Frauen, unterband.

Sie bekräftigte dies lautstark in Interviews: „Ich möchte zur Schule gehen, ich möchte spielen, Musik hören, singen!"

Im Jahr 2012 wurde sie zum Ziel der Taliban.

Sie hörte noch die Frage „Wer von Euch ist Malala Yousafzai?", hatte aber keine Zeit mehr zu antworten, als schon zwei Schüsse ihren Kopf trafen. Zwei bewaffnete Männer waren mit der Absicht, sie zu töten, in den Schulbus gestiegen, der sie nach Hause bringen sollte, weil sie in ihrem Urdu-Blog geschrieben hatte, dass Frauen ein Recht auf Bildung haben.

Die Terroristen bekannten sich zu diesem Anschlag: „Dies ist ein neues Kapitel der Obszönität, dem wir ein Ende setzen müssen [...], sie ist zu einem Symbol der westlichen Kultur zu diesem Thema geworden, das sie offen angepriesen hat [...], sie betrachtet Obama als ihr Vorbild. Das soll ihr eine Lehre sein."[5]

In dem telefonischen Bekenntnis für diesen Anschlag drohte der Sprecher der Taliban *Ehsanulla* mit einem neuen Anschlag, falls Malala überleben sollte.

Malala schwebte zwischen Leben und Tod, aber sie überlebte. Sie wurde in ein Krankenhaus in Großbritannien verlegt und erholte sich dort. Daraufhin beschloss sie, mit ihrer Familie in England zu bleiben, um weiter zu studieren und sich ihrer Kampagne für die Bildung von Mädchen zu widmen.

Sie ist hartnäckig. Sie wurde zu Hause mit einer guten Ausbildung aufgezogen. Ihr Vater *Ziauddin*, ein Dichter und Lehrer an der öffentlichen Schule von *Khushal*, hat eine progressive und emanzipierte Einstellung. Er hatte ihr seit ihrer Kindheit immer den Wert von Bildung beigebracht und wünschte sich immer wieder, dass seine Tochter eines Tages in die Politik geht.

Das Vertrauen, das Malalas Vater in die Begabung seiner Tochter hatte, ermutigte das Mädchen, sich an sozialen Aktivitäten zu beteiligen, die sie in Blogs und im Netz verbreitete, dafür bekam sie Auszeichnungen und weitere Aufträge.

Sie gewann den *National Youth Peace Prize* (Nationaler Jugendfriedenspreis), der ihr vom pakistanischen Premierminister Yousaf Raza Gilani verliehen wurde, sie wurde danach auch noch für den *International Children Peace Prize* (Internationaler Kinderfriedenspreis) nominiert.

Am 12. Juli 2013 trug sie anlässlich ihres 16. Geburtstags das Kopftuch, das einst Benazir Bhutto gehört hatte (der ehemaligen pakistanischen Premierministerin, die 2008 durch ein extremistisches Attentat ermordet wurde), und sprach im Hauptquartier der Vereinten Nationen in New York einen Appell für das Recht jedes Jungen und jedes Mädchens auf Bildung aus.

Im November 2013 wurde Malala mit dem europäischen Sacharow-Preis für geistige Freiheit des Europäischen Parlaments ausgezeichnet (auch EU-Menschenrechtspreis genannt).
Der damalige EU-Präsident Martin Schulz bezeichnete sie als „eine globale Ikone des Kampfes für die Bildung von Mädchen".
Malala sagte bewegt: „Ich hoffe, dass wir durch unsere Einheit und unsere Entschlossenheit unsere Ziele erreichen und den 57 Millionen Kindern helfen können, die ihre Hoffnungen in uns setzen. Die kein iPhone, keine Xbox, keine PlayStation oder Schokolade wollen, sondern sich lediglich ein Buch und einen Stift wünschen.

Malalas Entwicklung erreichte ihren vorläufigen Höhepunkt, als sie im Jahr 2014 auf Twitter bekannt gab, dass sie an der Universität von Oxford zugelassen wurde: „Ich bin sehr aufgeregt", schrieb sie. Sie war überglücklich, dass sie ihren Traum, studieren zu können, verwirklichen konnte. Auf ihrer Website *www.malala.org* sammelt sie über eine gemeinnützige Organisation Geld für Bildungsprogramme in der ganzen Welt.

Am 10. Oktober 2014 wurde Malala zusammen mit der indischen Aktivistin Kailash Satyarthi der Friedensnobelpreis verliehen. Sie ist mit siebzehn Jahren die jüngste Trägerin eines Nobelpreises und mit weitem Abstand die jüngste Friedensnobelpreisträgerin aller Zeiten. Sie bekam den Preis *für den Kampf gegen die Unterdrückung von Kindern und Jugendlichen und für das Recht aller Kinder auf Bildung.*

Die Geschichte von Aberash. Der Mut zur Veränderung

Aberash war 14 Jahre alt, als sie von einem 29-jährigen Bauern entführt wurde. Er brachte sie in seine Hütte und vergewaltigte sie brutal.
Er wollte sie zur Heirat zwingen. Er hoffte sie zu schwängern, um so von der aus der *telefa* abgeleiteten Regel Gebrauch machen zu können, die nach alter Tradition eine Entführung gesellschaftlich salonfähig macht, wenn auf die Vergewaltigung eine Hochzeit folgt, um die Dinge wieder „in Ordnung zu bringen".
Aber das Mädchen hatte weder die Absicht, dieser Erpressung nachzugeben, noch, die erlittene Vergewaltigung zu verzeihen.
Sie wurde allein in der Hütte zurückgelassen, und als ihr Entführer mit der Ankündigung,

bald zurückzukehren fortging, wurde ihr klar, dass eine Pistole im Haus war. Sie gehörte ihrem Peiniger, der sie an einen Haken gehängt hatte. Aberash, die keine Sekunde länger in diesem Gefängnis bleiben wollte, nahm die Waffe an sich und floh.

Als ihr Entführer nach Hause zurückkehrte, bemerkte er, dass das Mädchen nicht mehr da war. Zusammen mit ein paar Freunden machte er sich auf die Suche nach ihr. Er fand sie und versuchte, sie zu überwältigen, aber sie wand sich frei, feuerte die Waffe ab und tötete ihn.

Die Geschichte ereignete sich 1996 in Äthiopien, in einer ländlichen Gegend, viele Stunden Fahrt von der Hauptstadt Addis Abeba entfernt.

Aberash wurde des Mordes angeklagt. Sie hatte das gesamte Dorf gegen sich, einschließlich der Mutter des Entführers, die es normal fand, ein Mädchen zu entführen, um es dann zu heiraten. „Das macht jeder", sagte sie, „weil es zu unserer Tradition gehört."

Der Prozess endete zwei Jahre später mit einem Freispruch wegen Notwehr, der Fall von Aberash führte in Äthiopien zu einer Bestimmung, dass es gesetzeswidrig ist, eine Frau zu entführen, um sie zur Heirat zu zwingen. Dies gilt umso mehr, wenn es sich um ein Kind handelt.

Dies war ein juristischer Durchbruch von größter Bedeutung in einer Gesellschaft, die die Entführung von Kindern und Jugendlichen mit anschließender Zwangsheirat seit jeher als rechtmäßig erachtet hatte.

Die Rolle des Anwältin Meaza Ashenafi war dabei entscheidend für den Erfolg des Prozesses. Ihre Verteidigung mit Hilfe der von Ashenafi selbst gegründeten Vereinigung von Anwältinnen (*Andinet Women Lawyers Association*) war von Erfolg gekrönt und symbolisierte die Wiedergutmachung des Unrechts, das Aberash erlitten hatte. Und es war eine Warnung für diejenigen, die fälschlicherweise geglaubt hatten, dass sie ungestraft Gewalt gegen Mädchen ausüben könnten.

Nach der Freilassung von Aberash vertraute Meaza Ashenafi sie der von ihr mitbegründeten Organisation an, um ihr bei der Überwindung des Traumas zu helfen, das sie erlitten hatte.

Das Mädchen musste jedoch ihr Zuhause und ihre Familie verlassen und nach Addis Abeba gehen, um weit weg von den Anschuldigungen der Bewohner ihres Dorfes zu sein.

Es war zu riskant, an einem Ort zu bleiben, wo der Vater ihres Entführers verlangte, dass Aberash getötet und neben seinem Sohn begraben werden sollte.

Ein neues Gesetz und ein Freispruch reichen nicht aus, um ihrer Herkunftsgesellschaft, in der sich dieses Verbrechen ereignet hatte, klarzumachen, dass es unveräußerliche Rechte von Frauen und Mädchen gibt: Selbstbestimmung, das Recht auf Bildung und darauf, ihr eigenes Schicksal zu wählen. Aberashs Vater, der Dorflehrer und einige andere verteidigten das Mädchen vehement vor dem Hintergrund demokratischer Prinzipien. Zwei Männer als Verbündete sind in einer patriarchalischen Gesellschaft vielleicht genug, um auf eine bessere Zukunft zu hoffen, und Aberash vertraut auf die Unterstützung derer, die verstehen, dass sie von einer Veränderung ihres Lebens und des Lebens der anderen Mädchen in ihrem Land träumt.

Meaza Ashenafi: der Kampf für Frauenrechte

Meaza Ashenafi, die Anwältin, die den Freispruch von Aberash erreicht hatte, setzt sich seit vielen Jahren für eine Gesetzesreform zur öffentlichen Bildung und Information für die Rechte von Frauen und Mädchen ein.
Geboren 1964 in Äthiopien, in einem ländlichen Dorf, 800 km von Addis Abeba entfernt, wurde sie von ihrem Vater – dem Bürgermeister seiner

Stadt – mit klaren pädagogischen Grundsätzen und einem Ausbildungsplan für sie und ihre Brüder und Schwestern erzogen.

Meaza wusste schon früh, dass sie Jura studieren wollte. Mit 17 Jahren wurde sie an der Universität von Addis Abeba zugelassen, sie war die einzige Frau in einem Semester mit fünfzig Männern. 1986 war sie auch die einzige Frau, die an dieser Universität ihr Jura-Examen ablegte.

Meaza Ashenafi arbeitet derzeit bei dem *African Centre for Gender at the United Nations Economic Commission for Africa* (Afrikanischen Zentrums für Geschlechterfragen bei der Wirtschaftskommission der Vereinten Nationen für Afrika) und hat das *African Women's Rights Observatory* (Zentrum für die Rechte afrikanischer Frauen) mitgegründet.

Im November 2018 wurde sie zur Leiterin des Obersten Gerichtshofs, der höchsten Instanz des Landes, ernannt. Das äthiopische Parlament stimmte ihrer Kandidatur einstimmig zu.

Kürzlich wurde mit Zewde Sahle-Work zum ersten Mal eine Frau zur Präsidentin von Äthiopien, des Landes am Horn von Afrika gewählt, ein historisches Ereignis.

Äthiopien ist im Wandel begriffen, das liegt auch an Premierminister Abiy Ahmed, der mit Nachdruck dem Reformprogramm seines Landes neue Impulse gab, indem er entschied, dass die Führungsriege von Addis Abeba zu 50 % aus Frauen bestehen sollte.
Das ist ein gutes Vorbild für alle afrikanischen Länder, die das patriarchalische Modell der Ausgrenzung von Frauen in politischen und institutionellen Rollen für überholt halten.

Difret, der Mut zur Veränderung

Die Geschichte von Aberash war Vorlage für den Film „Das Mädchen Hirut", in dem das kleine Mädchen Hirut *Assefa* heißt. Er basiert auf der wahren Geschichte von Aberash Bekele. Angelina Jolie produzierte diesen Film unter der Regie von Zeresenay Berhane Mehari. Bei der Präsentation des Films in den USA übergab die internationale Organisation *Girls Not Brides*, die sich in verschiedenen Bereichen mit dem Problem der Kinderheirat auseinandersetzt, eine Petition mit 135 000 Unterschriften an Catherine M. Russell, US-Botschafterin für globale Frauenfragen.

Vom 25. bis 27. Juni 2018 fand in Malaysia die bislang größte Versammlung von *Girls Not*

Brides statt, die sich für ein Ende der Kinderheirat einsetzen.

Das gemeinsame Ziel der Organisation ist es, allen Mädchen auf der ganzen Welt die Möglichkeit zu geben, ihr Potenzial auszuschöpfen, selbst zu entscheiden, was das Beste für ihr Leben ist: zu studieren, Berufserfahrung zu sammeln, im Glauben an sich selbst aufzuwachsen.

Copyright: Alamode Film

Ein Film, um die Welt über den mühsamen Kampf gegen Kinderheirat aufzuklären

Der Film *Das Mädchen Hirut* erhielt viel Anerkennung. Hier die Online-Kritik von „Game Surf":

„Die Emanzipation der Frau ist ein Thema, mit dem sich das Kino zunehmend destruktiv auseinandersetzt", schreibt Roberto Vicario und nennt mehrere westliche Filme zu diesem Thema. *Das Mädchen Hirut* (Originaltitel: *Difret*) konzentriert sich jedoch auf ein Thema, das vielleicht noch drastischer ist im Vergleich mit der Emanzipation, für die westliche Frauen kämpfen. Es ist die totale Eliminierung jeglicher Menschenrechte, die durch völlig überholte, althergebrachte Riten entsteht, die in vielen Städte und Dörfern Afrikas (aber nicht nur!) heute noch praktiziert werden.

Um die Stellung der Frau mit unverstelltem Auge und kritischem Blick darstellen zu können, führt uns der Regisseur Zeresenay Berhane Mehari – in den USA wohnhaft, aber in Äthiopien geboren – durch die Augen der Kamera zu einer wahren Geschichte, die sich in seinem Herkunftsland abgespielt hat.

Die Wahl des Filmtitels ist schon an sich eine Aufforderung, optimistisch in die Zukunft zu blicken, denn im Äthiopischen bedeutet der

Name *Difret* „Mut" und der Film soll eine Ermutigung sein, gemeinsam für Veränderungen zu kämpfen.

„Das Mädchen Hirut", betont Roberto Vicario, „ist ein Film, der ganz sicher für viele unangenehm sein wird, vor allem in seinem Ursprungsland und in anderen Ländern, die ähnliche Praktiken anwenden. Der vor vielen Jahren konzipierte Film hatte viele Probleme bei der Produktion und stand schon kurz vor dem endgültigen Aus.

Angelina Jolie, selbst zunehmend im sozialen Bereich aktiv, ließ die Entwicklung dieses Projektes wiederaufleben. Sie war fasziniert von der Geschichte und dem Thema, deshalb entschied sie sich dafür, sich als Co-Produzentin zu beteiligen. Eine glückliche Wahl, nicht nur wegen der Bedeutung und des Wertes des Films – der sogar das *Sundance*-Festival gewinnen konnte –, sondern vor allem weil wir durch die drohende Einstellung des Filmprojekts zu einer medialen Aufmerksamkeit gelangten, die der Produktion nur förderlich sein konnte. Andererseits dürfen wir, wie der Titel des Films sagt, niemals aufhören zu kämpfen, sondern müssen mit Mut kämpfen, um unsere Rechte, aber vor allem unsere Träume zu verteidigen."[6]

Ein Petitionsfilm

Der Erfolg von *Das Mädchen Hirut* hatte eine große emotionale und gesellschaftliche Wirkung, aber dies war nicht über Nacht geschehen, sondern ist das Ergebnis vieler Initiativen in der ganzen Welt, die der Veröffentlichung des Films vorausgingen und auch noch folgten. Dazu gehört die grundlegende Initiative des 1. Oktober 2015, als *Girls Not Brides* die Kampagne *#mylifeat15* (mein Leben mit 15) ins Leben rief, eine internationale Kampagne, die die Regierungen dazu aufruft, es zu einem vorrangigen Ziel zu machen, die Kinderheirat bis 2030 zu beenden.

Girls Not Brides, Welt-Treffen 2018

We celebrated reaching 1000 members with a Group photo at our Global Meeting. Photo credit: Graham Crouch / Girls Not Brides

Zum zweiten weltweiten Treffen von *Girls Not Brides* kamen etwa 1.000 Organisationen aus über 70 Ländern in Kuala Lumpur zusammen, um das Thema der Kinderheirat zu bearbeiten.
Die Teilnahme an der Veranstaltung war überwältigend. In den Beiträgen, die sich auf die Erreichung des Ziels der Abschaffung der Kinderheirat bis 2030 richteten, wurden zukünftige Strategien zur Planung des Engagements entwickelt, um gemeinsam auf lokaler, regionaler, nationaler und globaler Ebene zu arbeiten.

Angesichts der ermutigenden Ergebnisse, die bereits erzielt wurden, weckten die eindrucksvollen Worte von Lakshmi Sundaram, der Direktorin von *Girls Not Brides*, die Hoffnung, kurz- und mittelfristig noch mehr zu erreichen. Ihr Bericht, der auf dem *Girls Not Brides*-Portal veröffentlicht wurde, hob das bedeutende Engagement aller Organisationen der Partnerschaft hervor:

„Die Mitglieder", so schrieb Lakshmi, „haben es geschafft, konstruktiv Erfahrungen auszutauschen, gemeinsame Fürsprache-Arbeit zu leisten, lokale Denkweisen zu ändern, nationale und regionale Strategien zu beeinflussen, neue Ressourcen zu nutzen, Regierungen zur Rechenschaft zu ziehen und eine Süd-Süd-Zusammenarbeit aufzubauen. Damit Partnerschaften jedoch gedeihen können und die größte Wirkung entfalten können, müssen sie eine Vielfalt von Stimmen einbeziehen und effektiv gesteuert werden."

Junge Menschen sind die Schlüsselfiguren für den Wandel

„Bei dem globalen Treffen", präzisierte Lakshmi, „gaben jugendliche Aktivisten Beispiele dafür, wie ihre Arbeit zu konkreten Veränderungen im Leben von Mädchen geführt hat. Es war uns bewusst, dass wir, wenn wir die

Kinderheirat beenden wollen, die Jugend- und die von der Jugend geführten Organisationen bestärken und sicherstellen müssen, dass sie in der Lage sind, ihre eigenen Entscheidungen über ihre Gegenwart und Zukunft treffen zu können. Und gerade das Engagement von Mädchen, die Kinderheirat erlitten und erlebt haben, ist eine der Triebfedern dieses globalen Projekts, denn sie gehören zu den mächtigsten Fürsprechern auf dem Weg, Kinderheirat zu beenden. Aber sie brauchen dafür die entsprechende Unterstützung, damit sie ihre Geschichten gut und erfolgreich erzählen können. Sie müssen auch an der Gestaltung von Maßnahmen und Programmen zur Lösung des Problems beteiligt werden.

Deshalb ist es von entscheidender Bedeutung, dass sich die globale Bewegung zur Beendigung der Kinderheirat *Girls Not Brides* nicht nur auf die Prävention konzentriert, sondern wir müssen die Bedürfnisse verheirateter Mädchen auf ganzheitliche Weise angehen. Zu diesem Zweck müssen wir uns mit der Ungleichheit der Geschlechter befassen, sie muss im Zentrum all unserer Aktivitäten stehen, da diese Ungleichbehandlung die grundlegende Ursache für die Kinderheirat ist. Und es ist wichtig, Männer und Jungen einzubeziehen, denn sie können einen wichtigen Beitrag zu der Lösung des Problems beitragen. [...] Wir müssen jedoch den Mut haben, einige dieser schwierigen Themen, darunter Sexualität, soziale Standards sowie Macht- und Rassendynamiken offen und respektvoll zu diskutieren. Wir werden keine Fortschritte bei der Beendigung der Kinderheirat machen, wenn wir nicht bereit sind, diese Gespräche über das Welttreffen hinaus zu führen.“[7]

Memory Banda: Ich heirate, wenn ich will

Die Geschichte von Memory heißt „Der Schrei einer Kriegerin gegen die Kinderheirat“.
Ich erzähle sie Ihnen, weil sie sehr ansprechend ist und es auch Spaß macht, ihr zuzuhören. Das Video ist auf YouTube eingestellt (mit Übersetzungen in 38 Sprachen). Geben Sie einfach den Namen „Memory Banda“ in die Suchfunktion ein.
Ich sage „Spaß“, weil dieses Mädchen wirklich eine Naturgewalt ist. Sie ist in der Lage, mit Entschlossenheit, Humor und Mut das enorme Unglück einer Ehe zu beschreiben, zu der man sie um jeden Preis zwingen wollte.
Ihre Geschichte spielt in Malawi, einem Land in Ost-Afrika. Lesen Sie, was das Mädchen sagt:

Als ich 13 Jahre alt war, sagte man mir: „Du bist jetzt erwachsen, du hast das Alter erreicht, um in das Vorbereitungslager zu gehen." Und ich so: „Wie bitte? Ich werde nicht ins Vorbereitungslager gehen."
Wissen Sie, was die Frauen zu mir sagten? „Du bist ein dummes Mädchen. Dickköpfig. Du respektierst nicht die Traditionen unserer Gesellschaft, unserer Gemeinschaft [...]."

Die positive Energie dieses Teenagers ist erstaunlich, denn es gelang ihr nicht nur, ihrer eigenen Zwangsehe zu entgehen, sie kämpfte auch dafür, dass Gesetze verabschiedet wurden und dass die Öffentlichkeit und die Institutionen ihres Landes auf sie aufmerksam wurden. Sie organisierte „Sit-ins" mit ihren Freundinnen, um mit den zuständigen Behörden in Kontakt zu treten und das unglückselige Problem der Kinderbräute zu lösen. Memory erzählte ihre Geschichte auf einer Veranstaltung:

Das ist ihre öffentliche Rede:

Ich beginne mit einem Gedicht, das meine Freundin aus Malawi, Eileen Piri, geschrieben hat. Eileen ist erst 13 Jahre alt, aber als wir die Gedichtsammlung durchsahen, die sie geschrieben hatte, fand ich ihr Gedicht interessant und motivierend. Deshalb werde ich es Ihnen vorlesen. Sie nannte ihr Gedicht „Ich heirate, wenn ich will".

Ich heirate, wenn ich will

Ich heirate, wenn ich will.
Meine Mutter kann mich nicht zur Heirat zwingen.
Mein Vater kann mich nicht zur Heirat zwingen.
Mein Onkel, meine Tante, mein Bruder oder meine Schwester können mich nicht zur Heirat zwingen.
Niemand auf der Welt kann mich zwingen zu heiraten.
Ich heirate, wenn ich will.
Selbst wenn du mich schlägst,
Selbst wenn du mich fortjagst,
Selbst wenn Sie mir etwas Schlimmes antun,
Ich heirate, wenn ich will.

*Ich heirate, wenn ich will,
aber nicht bevor
ich gut ausgebildet bin
und nicht bevor ich erwachsen bin.
Ich heirate, wenn ich will.*

Dieses Gedicht von einem 13-jährigen Mädchen mag Ihnen seltsam erscheinen, aber da, wo Eileen und ich herkommen, ist dieses Gedicht, das ich Ihnen gerade vorgelesen habe, der Schrei einer Kriegerin.
Ich komme aus Malawi. Malawi ist eines der ärmsten Länder der Welt, sehr arm, in dem die Gleichstellung der Geschlechter sehr zweifelhaft ist.
Als ich in diesem Land aufwuchs, konnte ich keine eigenen Entscheidungen in meinem Leben treffen. Ich konnte noch nicht einmal meine persönlichen Möglichkeiten im Leben ausloten.

Ich werde Ihnen die Geschichte von zwei unterschiedlichen Mädchen erzählen

Ich werde Ihnen die Geschichte von zwei verschiedenen Mädchen erzählen, zwei wunderschönen Mädchen. Diese Mädchen wuchsen unter demselben Dach auf. Sie aßen das gleiche Essen, teilweise trugen sie auch die gleichen Kleider und Schuhe. Aber ihr Leben nahm zwei völlig unterschiedliche Wege.

Das andere Mädchen ist meine kleine Schwester. Meine kleine Schwester war erst 11 Jahre alt, als sie schwanger wurde. Das ist eine sehr verletzende Sache. Es tat nicht nur ihr weh, sondern auch mir. Auch ich habe eine sehr schwere Zeit durchgemacht.

Wie es in meinem Kulturkreis üblich ist, muss man, sobald in die Pubertät kommt, in ein „Initiationslager" gehen. Dort lernt man, wie man einen Mann sexuell befriedigt. Es gibt diesen besonderen Tag, den sie „Very Special Day" nennen, an dem ein Mann, der von der Gemeinde beauftragt wird, ins Lager kommt und mit den kleinen Mädchen schläft. Stellen Sie sich das Trauma vor, das diese jungen Mädchen Tag für Tag durchmachen. Die meisten Mädchen werden schwanger. Sie infizieren sich sogar mit HIV und anderen sexuell übertragbaren Krankheiten.

Meine kleine Schwester wurde schwanger. Sie ist erst 16 Jahre alt und hat schon drei Kinder. Ihre erste Ehe hat nicht gehalten, und...
Und dann gibt es das andere Mädchen.

Und dann gibt es das andere Mädchen. Sie ist phantastisch. Ich nenne sie phantastisch, weil sie es wirklich ist. Sie ist sagenhaft. Dieses Mädchen bin ich. (Das Publikum lacht.)

Als ich 13 Jahre alt war, sagte man mir: „Du bist jetzt erwachsen, du hast das Alter erreicht, um in das Vorbereitungslager zu gehen." Und ich so: „Wie bitte? Ich werde nicht ins Vorbereitungslager gehen."
Wissen Sie, was die Frauen zu mir sagten? „Du bist ein dummes Mädchen. Dickköpfig. Du respektierst nicht die Traditionen unserer Gesellschaft und unserer Gemeinschaft."
Ich habe nein gesagt, weil ich meinen Weg kannte. Ich wusste, was ich im Leben wollte. Als junges Mädchen hatte ich viele Träume. Ich wollte eine gute Ausbildung bekommen, um in Zukunft eine anständige Arbeit zu finden. Ich stellte mir vor, ich wäre Anwältin und säße in einem großen Sessel. (Das Publikum lacht).

Ich wusste, was ich im Leben wollte

Solche Vorstellungen gingen mir jeden Tag durch den Kopf. Und ich wusste, dass ich eines Tages etwas zur Gemeinschaft beitragen würde, und sei es nur eine Kleinigkeit. Aber jeden Tag, an dem ich mich weigerte, sagten diese Frauen zu mir: „Sieh dich an, du bist erwachsen. Deine kleine Schwester hat ein Baby. Und was ist mit dir?"

Diese Leier musste ich mir jeden Tag anhören, diese Leier müssen sich alle Mädchen jeden Tag anhören, wenn sie nicht das tun, was die Gemeinschaft von ihnen erwartet.
Als ich die beiden Geschichten zwischen mir und meiner Schwester verglich, sagte ich: „Warum kann ich nicht etwas tun? Warum kann ich nicht etwas ändern, was in unserer Gemeinschaft schon seit so langer Zeit passiert?"

Und dann bin ich auch auf andere Mädchen zugegangen, die wie meine Schwester Kinder haben. Die mal zur Schule gegangen sind, aber vergessen haben zu lesen und zu schreiben. Ich sagte zu ihnen: „Kommt, wir können uns gegenseitig daran erinnern, wie man liest und schreibt, wie man den Stift hält, wie man liest, wie man das Buch hält."

Es war eine tolle Zeit mit diesen Mädchen. Ich lernte sie nicht nur kennen, sie erzählten mir auch ihre persönlichen Geschichten, was sie als junge Mütter jeden Tag erlebten. Und da dachte ich mir: Warum können wir nicht all diese Dinge, die uns passieren, aufschreiben, sie präsentieren und unseren Müttern und unseren traditionellen Machthabern sagen, dass diese Dinge falsch sind?

Es war beängstigend, das zu tun, denn diese traditionellen Anführer sind diese Dinge bereits seit einer Ewigkeit gewöhnt Es ist ein schwieriges Unterfangen, aber es ist richtig, es zu versuchen.

Also haben wir es versucht. Es war sehr schwierig, aber wir waren hartnäckig. Und ich bin hier, um Ihnen zu sagen, dass meine Gemeinde die erste Gemeinde war, in der die Mädchen unseren traditionellen Machthaber so bedrängt haben, dass er sich für uns einsetzte und sagte, dass kein Mädchen unter 18 Jahren heiraten muss!

Das war das erste Mal, dass in unserer Gemeinde solche Verordnungen erlassen werden mussten, die erste Verordnung, die

die Mädchen in unseren Gemeinschaften schützte.

Wir haben uns damit nicht zufriedengegeben. Wir waren jeden Tag im Parlament.

Wir haben nicht aufgehört. Wir gingen weiter. Wir waren entschlossen, für Mädchen zu kämpfen, nicht nur in meiner Gemeinde, sondern auch in anderen Gemeinden. Als der Gesetzentwurf zur Kinderheirat im Februar vorgelegt wurde, waren wir im Parlamentsgebäude. Jeden Tag, wenn die Parlamentarier das Haus betraten, sagten wir zu ihnen: „Würden Sie bitte den Gesetzesentwurf unterstützen?" Wir sind hier technologisch nicht so gut ausgestattet, aber wir haben immerhin unsere kleinen Telefone. Also sagten wir uns: „Wir können an ihre Telefonnummern kommen und ihnen eine SMS schicken." Und das taten wir. Das war eine gute Sache. Als der Gesetzesentwurf verabschiedet wurde, schrieben wir ihnen: „Danke, dass Sie den Entwurf unterstützen!" Und als die Gesetzesvorlage vom Präsidenten unterzeichnet und damit das Gesetz verabschiedet wurde, war das ein großer Sieg.

Jetzt ist das gesetzliche Heiratsalter in Malawi 18 Jahre. Nicht mehr 15, sondern 18!

Dennoch hören wir jeden Tag die Schreie der Frauen und Mädchen

Es ist eine großartige Sache, dass dieses Gesetz verabschiedet wurde, aber lassen Sie mich Ihnen Folgendes sagen: Es gibt Länder, in denen 18 das gesetzliche Heiratsalter ist, aber trotzdem hören wir jeden Tag die Schreie von Frauen und Mädchen. Jeden Tag wird das Leben von Mädchen zerstört.
Es ist höchste Zeit, dass die Staats- und Regierungschefs ihren Verpflichtungen nachkommen. Wenn sie diese Verpflichtung einhalten, bedeutet das, dass sie jederzeit die Probleme der Mädchen im Herzen behalten.
Wir dürfen nicht als zweitrangig betrachtet werden, sondern sie müssen wissen, dass wir, so wie wir hier stehen, nicht nur Frauen sind. Wir sind nicht nur Mädchen, wir sind außergewöhnlich. Wir können mehr.

Und noch etwas über Malawi – und das gilt nicht nur nicht nur für Malawi, sondern auch für andere Länder: Ein Gesetz ist erst dann ein Gesetz, wenn es auch durchgesetzt wird. Das Gesetz, das gerade erst verabschiedet wurde, und auch die Gesetze, die es in anderen Ländern gibt, müssen vor Ort verbreitet werden, wo die Probleme der Mädchen allgegenwärtig sind.

Die Mädchen dort sind täglich schwerwiegenden Problemen ausgesetzt. Wenn diese jungen Mädchen wissen, dass es Gesetze zu ihrem Schutz gibt, dann können sie aufstehen und sich widersetzen. Weil sie wissen, dass es ein Gesetz gibt, das sie schützt.

Und noch etwas möchte ich sagen... es ist schön, dass die Stimmen der Mädchen und Frauen da sind, aber allein könne wir das nicht schaffen.

Männliche Fürsprecher müssen mitmachen

Männliche Fürsprecher müssen mitmachen, sie müssen sich einmischen und zusammenarbeiten. Es ist eine Gemeinschaftsarbeit. Was wir brauchen, ist das, was Mädchen überall brauchen: eine gute Ausbildung und vor allem, dass sie nicht mit 11 Jahren heiraten.

Und außerdem weiß ich, dass wir gemeinsam den rechtlichen, kulturellen und politischen Rahmen, der den Mädchen ihre Rechte

verweigert, verändern können. Ich stehe heute hier und erkläre, dass wir die Kinderheirat innerhalb von einer Generation beenden können. Dies ist der Moment, in dem ein Mädchen und Millionen von Mädchen weltweit sagen können: **„Ich werde heiraten, wenn ich will.“**
Danke.[8]

KAPITEL II

ÄNDERT SICH DIE SITUATION FÜR DIE MÄDCHEN?

Die Menschen beginnen zu verstehen

Die Rede von Memory Banda endete mit stehenden Ovationen, sie ist eine Botschaft der Hoffnung für alle Mädchen, sie ist außerdem eine Grundsatzrede.

Die jungen Männer und Frauen an vorderster Front werden die Verfechterinnen dieses Wandels hin zu einer gerechteren Gesellschaft sein. Die Strategie der Organisationen, die sich mit diesen Themen beschäftigen, beruht genau auf dem Impuls, den die neue Generation aussenden kann, um die ländlichen Gesellschaftsschichten mit ihrer altmodischen patriarchalischen Mentalität anzugreifen.

Die globale Initiative *Girls Not Brides* mit ihren vielen hundert Verbänden, die gemeinsam an dem Projekt zur Abschaffung der Kinderheirat arbeiten, erzielt allmählich Ergebnisse. Die Regierungen in den gefährdeten Gegenden scheinen sich allmählich dieses gravierenden Problems bewusst zu werden, das von sozialer und wirtschaftlicher Bedeutung ist. Es gibt viele Publikationen, die die Allgemeinkosten der mangelnden Eingliederung von Mädchen, die Gesundheitsschäden infolge von Abtreibungen, Frühgeburten und Komplikationen nach der Geburt, aufzeigen.

Girls Not Brides und die Partnerschaft mit internationalen Organisationen

Am 22. Juni 2017 sah der Menschenrechtsrat der Vereinten Nationen zum ersten Mal es als Notwendigkeit an, Kinderehen zu bekämpfen. Er nahm die von den Niederlanden und Sierra Leone vorgeschlagene Resolution an, die von 85 Ländern, darunter Italien und Deutschland, unterstützt wurde.
Der Prozess, zu dieser UN-Entscheidung zu gelangen, hat Jahre des Engagements von Verbänden, Gremien und Regierungen aus der ganzen Welt benötigt.

Die UNO-Gesetzgebung vom 20. November 1989 ist die Grundlage der Kinderrechte (*Konvention über die Rechte des Kindes*) und gilt für alle Kinder, unabhängig von Rasse, Geschlecht, Sprache, Religion, Meinung des Kindes/Jugendlichen oder ihrer Eltern.

Genauso wichtig ist auch Artikel 37 der *Istanbuler Konvention*, der in Bezug auf Zwangsheirat gilt: „Die Vertragsparteien treffen die erforderlichen gesetzgeberischen oder sonstigen Maßnahmen, um die vorsätzliche Handlung, einen Erwachsenen oder ein Kind zur Heirat zu zwingen, unter Strafe zu stellen."

Das Abkommen wurde vom Ministerkomitee des Europarats genehmigt und am 11. Mai 2011 unterzeichnet.

Die Türkei war das erste Land, das es ratifiziert hat, gefolgt von Albanien, Portugal, Montenegro, Moldawien, Italien, Bosnien und Herzegowina, Österreich, Serbien, Andorra, Dänemark, Frankreich, Finnland, Spanien und Schweden.

Das Engagement der Verbände

Im Jahr 2016 haben wir mit *Onerpo* im Rahmen der Initiativen zum Schutz der Chancengleichheit bei den italienischen Institutionen Lobbyarbeit betrieben, um das Bewusstsein für das Thema dieser Resolution zu schärfen, die der Generalversammlung der *Vereinten Nationen* vorgelegt wurde.

Als Mitgliedsorganisation von *Girls Not Brides* baten wir darum, dafür zu sorgen, dass Italien als Unterstützer der Resolution angesehen wird.

Botschafter Sebastiano Cardi, der ständige Vertreter Italiens bei den Vereinten Nationen in New York, versicherte uns ausführlich der Unmissverständlichkeit der institutionellen Interventionen Italiens. Am 23. November 2016 antwortete er uns mit einem Brief, in dem er im Detail darlegte, wie die Resolution angenommen worden war:

Italien, schrieb Botschafter Cardi, gehörte auch in diesem Jahr zur überregionalen „Kerngruppe" der Förderländer. In dieser Eigenschaft spielten wir eine proaktive Rolle und förderten den Dialog mit anderen Delegationen, um dieses Ergebnis zu erreichen, insbesondere zu einigen Aspekten der neuen Textvorlage, wie z. B. die Anerkennung des höheren Risikos von Kinder- und Zwangsheirat, dem Kinder in humanitären Notsituationen ausgesetzt sind, und die Notwendigkeit, dass alle Mitgliedstaaten das Mindestalter für die Eheschließung innerhalb ihrer eigenen Gerichtsbarkeit anheben und auf die Volljährigkeit zubewegen.[9]

Die Resolution über die eindeutige Verpflichtung der Mitgliedstaaten, die während des Dritten Generalkomitees der Vereinten Nationen vorgelegt wurde, musste anschließend von der UN-Generalversammlung genehmigt werden. Die Resolution vom 22. Juni 2017 ist deshalb so wertvoll, weil sie die Kinderheirat als Menschenrechtsverletzung anerkennt und dadurch eine Verstärkung der Bemühungen und einen umfassenden Plan zur Verhinderung, Bestrafung und Beseitigung dieser verletzenden und diskriminierenden Praxis fordert.

Der Weg durch das Parlament

Bei mehreren Anlässen hat das italienische Parlament Initiativen zur Bekämpfung von Kinder- und Zwangsehen erarbeitet.
In parlamentarischen Eingaben in der Abgeordnetenkammer wurde in Dokumenten auf verschiedene Aktionen anderer Staaten verwiesen, um den Aktionsplan unseres Landes konsistent mit den gemeinsamen Zielen in Einklang zu bringen.[10]

Ein Auszug aus den Parlamentsprotokollen zeigt, dass, *im Jahr 1994 die 179 Regierungen, die auf der Kairoer Konferenz über Bevölkerungsentwicklung vertreten waren, den direkten Zusammenhang zwischen*

Kinderheirat, Teenagerschwangerschaften und hoher Müttersterblichkeit anerkannt und die entscheidende Rolle der Erziehung bei Präventionsmaßnahmen betont hatten. Im Aktionsplan dieser Konferenz hatten sich die unterzeichnenden Regierungen verpflichtet, das Recht der Jugendlichen auf Bildung im Bereich der Fortpflanzungsmedizin zu schützen und zu fördern und den allgemeinen Zugang zu diesen Informationen zu gewährleisten. Das Übereinkommen über Kinderrechte erkennt Kinder (d. h. Personen im Alter von 0 bis 18 Jahren) ausdrücklich als Träger von Rechten an. Artikel 16 der „UN-Konvention zur Beseitigung jeder Form von Diskriminierung der Frau" (Cedaw) benennt das Recht auf Schutz vor Kinderheirat. Viele Länder, auch solche, in denen diese Praxis weit verbreitet ist, haben das Mindestalter für die Eheschließung, die Schulpflicht und auch die Definition, was ein Verbrechen gegen Minderjährige ist, gesetzlich festgelegt. Jedoch haben traditionelle oder religiöse Gebräuche dort weiterhin Vorrang vor der nationalen Gesetzgebung. Trotz dieser nahezu weltweit gültigen Verpflichtungserklärung, diese Praxis zu beenden, wird angenommen, dass weiterhin Ehen von Mädchen unter 15 Jahren geschlossen werden und dass in diesem

Jahrzehnt 50 Millionen Mädchen Gefahr laufen, vor Erreichen dieses Alters zur Heirat gezwungen zu werden.

Die einzelnen Resolutionen

Am 22. Oktober 2014 hatte sich die italienische Regierung mit einer im Ausschuss für auswärtige und kommunale Angelegenheiten der Abgeordnetenkammer einstimmig verabschiedeten Resolution bereits im Wesentlichen verpflichtet, unbedingt jede sinnvolle Initiative gegen das Problem der erzwungenen Kinderheiraten im Irak zu ergreifen.

Am 18. Dezember 2014 verabschiedete die Generalversammlung der Vereinten Nationen ihre erste „substanzielle Resolution" zur erzwungenen Kinderheirat. Diese Resolution enthält „substanzielle" Empfehlungen, an die sich die Mitgliedstaaten unter Bezugnahme auf Initiativen der Vereinten Nationen und ihrer Organisationen, der Mitgliedstaaten, internationaler Organisationen, Vertreter der Zivilgesellschaft und anderer relevanter Akteure angenähert haben.
Am 2. Juli 2015 verabschiedete der Menschenrechtsrat der Vereinten Nationen

im Konsens eine Resolution über Kinder- und Zwangsheirat, „um die Bemühungen zur Verhinderung und Beseitigung von Früh- und Zwangsehen zu verstärken", deren Verhandlung von Italien und Sierra Leone gemeinsam geleitet wurde.

Diese Resolution unterstreicht auch die Absicht, innerhalb derselben Amtsperiode weibliche Genitalverstümmelung abzuschaffen:

Die Maßnahmen zur Verhinderung und Beseitigung von Kinder- und Zwangsheirat erfordern ebenso viel Engagement wie die Anstrengungen, die in die weltweite Kampagne zur Abschaffung der weiblichen Genitalverstümmelung gesteckt werden. Nach Angaben der Vereinten Nationen, die anlässlich des internationalen Tages der „Nulltoleranz gegenüber weiblicher Genitalverstümmelung" veröffentlicht wurden, ist die Zahl der Mädchen, die Opfer dieser lebensgefährdenden Praxis sind, zurückgegangen. Die einstimmige Annahme der Resolution vom Dezember 2012 durch die Generalversammlung der Vereinten Nationen, mit der die Mitgliedstaaten aufgefordert werden, ihre Bemühungen um die vollständige Abschaffung der weiblichen Genitalverstümmelung zu intensivieren, hat definitiv zur Erreichung dieses Ergebnisses beigetragen. Die Frage der Zwangsheirat ist ein weiterer und nicht sekundärer Aspekt der Maßnahmen zur Bekämpfung geschlechtsspezifischer Gewalt und zur Förderung der Rechte und der Selbstbestimmung von Frauen. Unser Land hat in der Kampagne gegen die Genitalverstümmelung von Frauen und Mädchen eine große, international anerkannte Rolle gespielt, die Italien einen Status internationaler Autorität verliehen hat, der es erlaubt, eine ebenso wichtige Rolle bei der Verhinderung und Beseitigung von Kinder- und Zwangsehen zu spielen. Unser Land hat zusammen mit den anderen Staaten der G7-Gruppe, die am 4. und 5. Juni 2014 in Brüssel zusammengekommen sind, seine Entscheidung zum Ausdruck gebracht, die Gleichstellung der Geschlechter zu fördern, allen Formen der Diskriminierung und Gewalt gegen Frauen und Mädchen ein Ende zu setzen, der Kinder- und Zwangsheirat ein Ende zu setzen und die uneingeschränkte Beteiligung und Stärkung aller Frauen und Mädchen zu fördern.[11]

Die Verpflichtung der italienischen Regierung am 21. Juli 2014

Am 21. Juli 2014 hat sich das italienische Parlament verpflichtet, die Resolution gegen die Kinderheirat zu verabschieden, die am 18. Dezember 2014 von der Generalversammlung der *Vereinten Nationen* und am 2. Juli 2014 vom Menschenrechtsrat der *Vereinten Nationen* verabschiedet wurde.[12]

Daraufhin verpflichtete sich die Regierung, in allen internationalen Foren alle Initiativen zu unterstützen, die darauf abzielen, Handlungen zu verhindern und zu bekämpfen, die die Menschenrechte junger Mädchen verletzen – auch im Zusammenhang mit der grausamen Ausübung der Genitalverstümmelung –, und eine neue Art von Verbrechen zu definieren und gesetzgeberische Maßnahmen zu ihrer Bekämpfung einzuführen, wie z. B. den Entzug der Aufenthaltsgenehmigung von Eltern, die sich der Zwangsheirat ihrer minderjährigen Töchter schuldig gemacht haben.[13]

Am 28. Juli 2015 wurde der Antrag gegen Kinder- und Zwangsheirat bei der Erstunterzeichnung der sozialistischen Parlamentarierin Pia Locatelli in der Abgeordnetenkammer einstimmig angenommen und darüber hinaus von fast allen Fraktionen unterzeichnet.

Mit einem weiteren Antrag am 4. Oktober 2016 im Senat wurden die Verfahren und Aktionspläne zum Schutz der Kinderrechte und zur Einhaltung der internationalen Gesetze gegen Kinder- und Zwangsheirat abgeschlossen.[14]

Das Jahr 2017. Endlich verabschiedeten 17 Länder nationale Strategien zur Bekämpfung der Kinderheirat

Im Jahr 2017 verabschiedeten Libanon, Jordanien, Bangladesch, Benin, Kamerun, Indien, Indonesien, Kenia, Mali, Senegal, Sierra Leone, Südsudan und Simbabwe Interventionspläne und nationale Strategien gegen Kinderheirat.

Um der Konvention der Versammlung der Vereinten Nationen zu entsprechen, führten auch viele andere Länder regulierende Maßnahmen ein, um die Heirat unter 18 Jahren zu verbieten.
Die lateinamerikanischen Länder Dominikanische Republik, Honduras, El Salvador und Guatemala erhöhten das

Mindestalter für die Eheschließung ausnahmslos und unabhängig von der elterlichen oder gerichtlichen Zustimmung auf 18 Jahre. Deutschland und Holland setzten dasselbe in Europa um.

Malawi ging in die gleiche Richtung, änderte seine Verfassung (Entwurf von 2015) und verbot die Kinderheirat, während in Indien der Oberste Gerichtshof entschied, dass Geschlechtsverkehr mit einer minderjährigen Frau – auch in den Augen des Gesetzes – als Vergewaltigung gilt.

Burkina Faso, die Regierung sagt „Stopp für Kinderbräute"

Unter den Regierungen, die Aktionspläne gegen Kinderheirat verabschiedeten, lancierte Burkina Faso seine „Strategie zur Prävention und Abschaffung der Kinderheirat" über das *Ministerium für Soziales und nationale Solidarität (SNPEME - Stratégie Nationale de Prévention et d'Elimination des Mariages d'Enfants 2016–2025).*

In der Überzeugung, dass Kinderehen die Gesundheit, die Bildung und die Möglichkeiten, das Potenzial der Kinder auszuschöpfen, gefährden, beschlossen die Institutionen schlussendlich, wirksame Maßnahmen zu ergreifen, die mit der Mobilisierung der sozialen und familiären Dienste und dem sozioökonomischen Schutz der Familie beginnen. Sie lancierten Programme und deren Überwachung, die sich auf die Unterstützung, die Stärkung der Mechanismen und die Bekämpfung sowie auf die Koordination der Akteure zur Förderung dieser Strategie fokussierten.

Ein auf Abschreckung basierendes Programm ist sehr wichtig, ebenso wie psychologische und finanzielle Unterstützung, um zu verhindern, dass Mädchen die Schule vorzeitig verlassen, und um ihr soziales und kulturelles Wachstum zu bestärken.
Zur Vervollständigung des Projekts arbeiten viele Verbindungsstellen in ländlichen Gebieten: Lehrer, Gesundheitspersonal und Sicherheitskräfte, die im Fall von Gefährdungssituationen einschreiten können.
Die Finanzierung wird von fachbezogenen und finanziellen Partnern wie *UNICEF, UNFPA, Burkina Plan, Canadian Cooperation, GIZ Prosad* und vielen anderen Organisationen gesichert, die entschlossen sind, die Regierung in ihrem Kampf zum Schutz der Kinderrechte zu unterstützen.

Die Gesetzgeber in Honduras verabschieden ein neues Gesetz, das die Ehe zwischen Kindern unter 18 Jahren unter allen Umständen als illegal betrachtet

Am Dienstag, den 11. Juli 2017 wurde in Honduras mit der Verabschiedung eines neuen Gesetzes, durch das eine Ehe unter 18 Jahren illegal wird, eine historische Entscheidung getroffen. Eheschließungen zwischen Minderjährigen sind nicht mehr erlaubt, auch nicht mit Zustimmung der Eltern.

Die Gesetzgeber in Honduras nahmen das Gesetz einstimmig an. *Plan International* drückte durch seine Sprecherin Belinda Portillo die Zufriedenheit der Organisation aus und sagte, dass Honduras „Geschichte geschrieben habe", indem es dieses wichtige Gesetz in einem Land gebilligt habe, in dem 25 % der Jugendlichen vorzeitig heiraten. Oft sind es Ehen zwischen jungen Mädchen und älteren Männern, vor allem in ländlichen Gebieten, in denen die Armut groß ist.

Der Iran hebt das gesetzliche Heiratsalter für Frauen an

Im August 2017 legten auch die Mitglieder des iranischen Parlaments einen Plan zur Anhebung des gesetzlichen Heiratsalters für Frauen vor. Fatemeh Zolqadr ist eine der Befürworterinnen im Parlament, die in Abstimmung mit der Ministerin für Frauen und Familie des Landes, Masoumeh Ebtekar, beschlossen haben, das gesetzliche Heiratsalter für Frauen anzuheben und eine Reihe von Restriktionen einzuführen, um Zuwiderhandlungen zu verhindern.
Die Initiative hatte die Unterstützung des hohen iranischen Geistlichen Ayatollah Nasser Makarem Shirazi. Dies lässt hoffen, dass die Bevölkerung angesichts des Einvernehmens zwischen politischen und religiösen Institutionen zu einer größeren Kooperationsbereitschaft bereit sein wird.

Sie begannen mit dem Verbot der Heirat unter 13 Jahren und entmutigten die Familien, die bisher aufgrund von Armut und Tradition der Kinderheirat ihrer Töchter zugestimmt hatten.
Während der Debatte über die neue Gesetzgebung legte das iranische Parlament den Schwerpunkt auf die Schäden, die durch die Kinderheirat entstehen, und darauf, dass

dies nicht nur das Leben der Mädchen betrifft, sondern auch sehr hohe volkswirtschaftliche Folgekosten verursacht aufgrund der verhinderten Emanzipation, des Rechts auf Lernen und der Krankheiten als Folge von frühen Geburten.

Kinderheirat kostet weltweit Billionen von Dollar

„Die Kinderheirat kostet weltweit Billionen von Dollar", schreibt Rachel Clement von *Girls Not Brides*. „Wir wissen seit Jahrzehnten, dass eine frühe Heirat, definiert als eine formelle oder informelle Verbindung, bei der einer oder beide Partner unter 18 Jahre alt sind, für Mädchen enorme Kosten verursacht: Sie unterbricht ihre Kindheit, verkürzt ihre Ausbildung und gefährdet oft ihre Gesundheit und ihr wirtschaftliches Wohlergehen. Doch neue Untersuchungen des *ICRW* (*Internationales Zentrum für Frauenforschung*) und der *Weltbank* – so die Vertreterin von *Girls Not Brides* – zeigen, dass auch der Gesellschaft weltweit enorme wirtschaftliche Kosten entstehen. Das *ICRW* hat herausgefunden, dass der Einsatz von Wirtschaftsmodellen zur Berechnung der Kosten von sogenannten ‚Frauenfragen‘ außerordentlich wirksam sein kann, um die Aufmerksamkeit der politischen Entscheidungsträger zu erregen. Dadurch wird in Aktionen gegen die Zerstörung von Menschenrechten investiert, die Frauen und Mädchen betreffen.

Nach jahrelanger Arbeit, in der verschiedene Strategien zur Beendigung der Kinderheirat dokumentiert wurden, ist für uns die Zeit gekommen, den wirtschaftlichen Aspekt bei der Förderung von Maßnahmen offen zu legen. Wir haben eine globale Schätzung der Kosten entwickelt. Unsere Arbeit zur Berechnung der Kosten von Müttersterblichkeit und geschlechtsspezifischer Gewalt hat dazu beigetragen, die Auswirkungen von Investitionen makroökonomisch zu begründen. Vor Kurzem haben wir die Kosten auf nationaler Ebene in den verschiedenen Ländern, in denen Kinderheirat üblich ist, genau untersucht, und die Ergebnisse zeigten große Schäden dort, wo das Problem am meisten ignoriert wird."[15]

KAPITEL III

DIE PETITIONEN, DIE BESCHWERDEN UND DAS INTERNET ZUR HILFE VON KLEINEN MÄDCHEN

Ein Imam heiratet ein 11-jähriges Mädchen, das Foto löst einen Aufschrei in den sozialen Medien aus und das Internet ist in Aufruhr

Dieses grauenhafte Bild kann man laut Internet kaum aushalten.

Ein einundvierzigjähriger Mann, der mit einem elfjährigen Mädchen Händchen hält, ist unerträglich. Das Bild zeigt sie unmittelbar nach der Hochzeitszeremonie. Die Empörung richtet sich einhellig gegen den Händler Che Abdul Karim, dem es nicht reicht, bereits zwei Frauen zu haben, sondern der heimlich noch eine dritte Frau, eine thailändische Kinderbraut geheiratet hat. Er hat sie von der Schule, vom Spielen, von ihren Jugendträumen, von ihrem Recht auf Bildung und auf eine friedliche Kindheit weggerissen.

Eine von Abduls Ehefrauen reicht eine Beschwerde bei den malaysischen Behörden ein, die darauf Ermittlungen einleiten, weil in Malaysia Polygamie zwar erlaubt ist, aber eine Person mindestens 17 Jahre alt sein muss, um heiraten zu dürfen.

Deshalb wurde diese Ehe, die auch vom *Scharia*-Gericht nicht genehmigt worden war, von den Behörden durch den stellvertretenden Minister Wan Azizah Wan Ismail für gesetzeswidrig erklärt. Abdul hingegen, der Imam eines ländlichen Dorfes im Bundesstaat Kelantan, bestand darauf, dass die Ehe legal sei, da die Eltern des Kindes sie genehmigt haben.

Dieser Mann hat sechs Kinder unterschiedlichen Alters, das älteste ist achtzehn und damit viel älter als das kleine Mädchen, das seinen Vater geheiratet hat. Wenn er auch nur eine Spur von Gewissen hätte, sollte er nicht nur einen, sondern hundert Schritte zurücktreten und das kleine Mädchen in Frieden lassen.

Die Kindersklavin

Kann ein Kind rebellieren? Gott sei Dank ja. Takira tat das. Ihr tragisches Schicksal begann damit, dass ihr Vater sie einem Mann zur Heirat versprach, der doppelt so alt war wie sie.

Takira war 12 Jahre alt, sie lebte in Albanien und ging nach der Heirat in den „Besitz" ihres Mannes über. Sie hatte zwei Kinder mit ihm und kümmerte sich liebevoll um sie. Sie waren ihre einzige Quelle der Freude in einem Leben, das ansonsten nur aus Erniedrigung und Tyrannei bestand. Dann gab es einen Hoffnungsschimmer für sie, als ihre ganze Familie nach Italien zog. Sie dachte sich: Weit weg von Albanien, einem Land mit vielen Kinderbräuten ohne Rechten, würde es einen Wendepunkt in ihrem leidvollen Leben geben.

Die Reise nach Italien

Sie wusste nicht genau, was Italien war, aber sie hatte von Italien als einem Land gehört, in dem Wohlstand, Demokratie und die Achtung der Menschenrechte die Grundlage des Zusammenlebens sind.
Sie hoffte, dass dort ihre Misshandlung, ihre Isolation und der Missbrauch durch ihren Mann ein Ende finden würde.

Sie träumte davon, wieder zur Schule gehen zu können und ein anständiges Zuhause zu haben. Mit einem Visum zur Familienzusammenführung zog sie in die Nähe von Rom. Aber sie war eine illegale

Einwanderin, weil ihr Ehemann ihre Kinder auf seiner Aufenthaltserlaubnis angemeldet hatte, aber nicht Takira selbst. Und so behandelte ihr Ehemann sie wie eine illegale Einwanderin. Dadurch konnte er sich darauf verlassen, dass sie niemanden um Hilfe bitten könnte. Er schlug sie, er nahm ihr das wenige Geld ab, das sie durch Schwarzarbeit verdiente, und er drohte, sie zu töten.

Die Angst, geschlagen und getötet zu werden und vor allem ihre Kinder zu verlieren, lähmte Takira.
Schläge aus den banalsten Gründen waren an der Tagesordnung: Weil die Kinder weinten, der Wein nicht schmeckte oder weil die Suppe nicht salzig genug war. Für ihren Mann war sie nur eine „Babyfabrik", ein Gegenstand, der ihm gehörte.

Für jemanden mit sehr eingeschränkten Möglichkeiten ist es sehr schwer, aus einer solchen Situation herauszukommen. In einigen Fällen können wir gegen die unsittliche Praxis der Kinderheirat gewinnen. Die Mädchen, die kaum mehr als schutzlose Kinder sind, werden dabei durch das Engagement vieler Vereine unterstützt.
Differenza Donna ist eine dieser Organisationen, die sich mit Hilfe von

Psychotherapeuten, Sozialarbeitern und Soziologen um sie kümmert. Jeder arbeitet in seiner eigenen Funktion daran, für jedes Mädchen, das Hilfe braucht, ein Projekt für ein menschenwürdiges Leben aufzubauen.

Die Rechtsanwältin Ilaria Boiano erklärte, dass das Recht nur dann einen Sinn hat, wenn das Opfer auch weiß, dass es es hat. Aber ausländische Frauen wissen dies meistens nicht.

Stattdessen befürchten die Opfer, dass sie nach einer Anzeige wegen Misshandlung ihre Aufenthaltsgenehmigung verlieren oder ihr laufendes Verfahren für ihre Aufenthaltsgenehmigung annulliert werden könnte. Die Aufenthaltserlaubnis dient in diesen Fällen der Familienzusammenführung, aber sehr oft fordern die Ehemänner die Dokumente ihrer Frau nicht an oder holen sie nie ab, um sie unter Kontrolle zu behalten: isoliert vom sozialen Umfeld, verängstigt, unterwürfig.

Um ausländischen Frauen Hilfe zu bieten, haben die italienischen Behörden jedoch seit 2013 eine Aufenthaltsgenehmigung eingeführt, die speziell für Opfer häuslicher Gewalt vorgesehen ist.

Hilfe von einer Freundin

Takira fand heraus, dass ihre Rechte in Italien gesetzlich geschützt sind, nachdem sie eine Freundin um Rat gefragt hatte, die sich besser auskannte als sie selbst. Diese Freundin sprach gut Italienisch und begleitete sie, um Anzeige zu erstatten. Ihre Freundin beruhigte sie und sagte ihr, sie müsse keine Abschiebung befürchten, da die italienischen Behörden ihr helfen, sobald feststeht, dass eine Ausländerin Gewalt ausgesetzt ist.

Denn das italienische Recht sieht vor, dass – um ein Opfer von Misshandlungen zu befreien – der örtliche Polizeichef selbst eine Aufenthaltsgenehmigung erteilen kann (*Gesetz 119/13 Artikel 4*).

Der Zuspruch, den das Mädchen von den Polizeibeamten und den Sozialarbeitern erhielt, tröstete sie. Nachdem sie einen ersten Schritt in die Zentrale von *Differenza Donna* gemacht hatte, wurde Takira klar, dass sich ihre Probleme lösen würden.

Die erfahrenen Mitarbeiter nahmen sie in ein Programm auf, das ihr Alphabetisierung, Informationen über Frauenrechte, logistische Hilfe beim Verlassen des Hauses ihres Mannes und bei der Bewältigung von Klagen bot.

So konnte Takira wieder atmen, sie fand zurück ins Leben. Sie lernte Italienisch, fand einen Job, sie fühlte sich frei von Erpressung, Ängsten und Gewalt.

Mit ihren Kindern begann sie ein neues Leben, in dem die Hoffnung auf eine bessere Zukunft die kleine Familie gelassen werden ließ und sie dankbar gegenüber all jenen machte, die ihnen halfen, der Unterdrückung durch einen herrischen Ehemann zu entkommen.

Hameya, die zu Tode gefolterte Kinderbraut

Wie erzählt man die Geschichte von Hameya?

Es ist schwer zu glauben, dass es wirklich geschehen ist, was das kleine Mädchen erleiden musste.

Die Ehe – wenn man es so nennen kann – dauerte sechs Monate und wurde mit all ihren Höhen und Tiefen von der *Daily Mail*, einer zuverlässigen Quelle, beschrieben.

Die Geschichte ereignete sich in der afghanischen Provinz Baghdis, wo ein kleines 7-jähriges Mädchen als „Braut" an Asharaf verkauft wurde, einen Mann von etwa 30 Jahren, der zudem bereits eine Frau hatte.

Dieses Stammesritual, das jegliche Menschenrechte missachtet, wird „badal" genannt. Es besteht in einem Austausch von Mädchen zwischen zwei Familien, die mit einer einzigen Hochzeits-Zeremonie Kosten für den Verkauf der Körper zweier Unschuldiger einsparen.

Im Rahmen dieses Paktes tauschten zwei Schwäger die kleinen Mädchen: Der Bruder von Hameya heiratete die Schwester von Asharaf, und umgekehrt heiratete dieser die Schwester von Asharaf Hameya.

Abgesehen von jeglicher moralischen Bewertung erwiesen sich die beiden Ehen nicht als erfolgreich. Es kam zu Diskussionen und Streitigkeiten zwischen Hameyas Bruder und seiner Frau. Die Meinungsverschiedenheiten wurden von Tag zu Tag schlimmer, bis sie zum schlimmstmöglichen Ausgang führten: dem Tod der Braut.

Hameyas Bruder tötete Asharafs Schwester, die ihm mit dem „badal"-Ritus als seine Frau ausgeliefert worden war.

Es beginnt eine Periode des Hasses zwischen den Familien, was vor allem zulasten von Hameya ging. Nur wenige Monate waren seit der sogenannten Hochzeitszeremonie vergangen, als Asharaf grausame

Misshandlungen beging bis hin zur Folterung seiner Kindsbraut, um sich so zu rächen.

Hameya suchte Hilfe bei ihrer Familie, aber wie so oft in solchen Fällen schicken die Familien die „Überläuferin" aus zwei Gründen zurück: aus einem Schamgefühl gegenüber dem Dorf und der Familie des Bräutigams, das dadurch entsteht, dass sie ihren „Kaufvertrag" nicht eingehalten haben. Und weil sie nicht wieder einen weiteren Mund füttern wollen.

Man muss bedenken, dass für diese ländlichen Familien das Verkaufen einer Tochter in die Ehe die Befreiung von einer Last bedeutet, denn wenn ein Mädchen als Braut übergeben wurde, dann muss ihr Ehemann sie fortan ernähren.

Doch nicht einmal Hameyas Eltern ahnten, dass Asharaf seine Rache bis zum bitteren Ende ausführen würde.

Hameya fand ein schreckliches Ende. Asharaf tötete sie und lief weg, um in einem von den *Taliban* kontrollierten Gebiet Schutz zu suchen. Nachdem die Leiche der armen Hameya aufgefunden wurde, fand die Polizei den Mörder und verhaftete ihn.

Ein Ende mit einer vorhersehbaren Strafe für beispiellose Gewalt, die nicht nachvollziehbar ist. Ein Mann, der sich einem kleinen Mädchen nähert, um es zu missbrauchen, sollte nicht nur durch das Gesetz davon abgehalten werden, sondern auch durch gesellschaftliche Aufmerksamkeit für das, was in gefährdeten Familien geschieht. Strafen und schwerwiegende Konsequenzen sollten für jeden vorgesehen werden, der sich zum Komplizen macht und nicht zum Schutz unschuldiger Kinder eingreift: die Familie, die Nachbarschaft, Schulen und staatliche Einrichtungen.

Die von Asharaf begangene schwere Straftat wird von dem gesunden und verantwortungsbewussten Teil des Landes und von vielen jungen Menschen verabscheut, die die Hoffnung auf eine Entwicklung im Bereich der Menschenrechte sind, damit ein Sicherheitsnetz für Kinder verhindert, dass anderen kleinen Mädchen das zustößt, was Hameya erleiden musste.

Die Geschichte von Rulima in Indien

(Facebook und WhatsApp: Kampagne gegen Kinderheirat durch eine örtliche Gruppe junger Menschen)

Rulima Khatun lebt in Dalgaon im Bezirk Darrang von Assam (Indien), einem armen, kulturell rückständigen Viertel. Als ihre Eltern darauf bestanden, dass sie mit 17 Jahren einen älteren Mann heiraten sollte, lief sie von zu Hause weg. Sie suchte bei einem Freund Zuflucht, weil sie dem Diktat ihrer Familie nicht nachgeben wollte.

Aus ihrem Versteck heraus erzählte sie ihre Geschichte einer Gruppe junger Leute aus der Gegend, die durch Mund-zu-Mund-Propaganda die Zwangsheirat verhindern konnte.

Die jungen Leute verbreiteten über soziale Medien eine überzeugende Kampagne, um Rulima zu helfen. Sie veröffentlichten regelmäßige Updates auf Facebook und WhatsApp. Sie schickten eine Warnmeldung an eine WhatsApp-Gruppe namens *Balya Bibah Birodhi Mancha* (Forum gegen Kinderheirat).

Dies stieß auf großes Interesse, die Beiträge zur Hilfe von Rulima wurden online weiterverbreitet.

Sie stießen auf das Interesse von Lokalpolitikern und der Aktivisten der *All Assam Minority Student Union (AAMSU)*, einer Studentenorganisation, die sich für Minderjährige einsetzt.

Die Heirat wurde verhindert. Rulima atmete erleichtert auf, weil sie endlich das Gefühl hatte, eine Zukunft zu haben. Sie war glücklich, ihr Leben ein wenig mehr selbst in die Hand nehmen zu können.

Der Vater des Mädchens, Nuru Sheikh, war überrascht von dem Aufruhr, den die Geschichte seiner Tochter ausgelöst hatte, und begann über das Thema zu nachzudenken, Fragen zu stellen und sich zu informieren. Sein Bewusstsein für das Thema wuchs, was ihn dazu veranlasste, öffentlich zu erklären: „Es war ein Fehler. Ich sehe das jetzt ein und werde nie wieder so einen Fehler machen."

Die Entwicklung hin zu der Erkenntnis, dass die Rechte von Kindern nicht eingeschränkt werden dürfen, geht in diesen Gegenden ziemlich langsam voran, und das gilt nicht nur für Mädchen.

Eine ähnliche Situation ereignete sich in Baragua, im Bezirk Barpeta, wo ein Jugendlicher dazu gedrängt wurde, ein Mädchen zu heiraten, das er nicht einmal kannte, weil seine Familie eine Vereinbarung mit den Verwandten der potenziellen zukünftigen Braut getroffen hatte. Aber auch in diesem Fall verhinderte das Netzwerk mit der Unterstützung der *Balya-Bibah-Birodhi-Mancha*-Gruppen die Heirat. Die Beiträge auf Facebook und WhatsApp gingen „viral", und die deutlich konträren, kritischen Kommentare und Beiträge beschämten die Verwandten des Jungen, da sie ihn um jeden Preis zur Heirat hatten zwingen wollen.

Ayub Ali, der Vater des Jungen, gab in einem Interview mit einem Lokaljournalisten zu, dass er seinen jüngsten Sohn verheiraten wollte. Er sagte, dass er im Hinblick auf ihre Traditionen zunächst nichts Falsches darin sah. Aber dann wurde ihm klar, dass sich die Welt verändert. Die Proteste und Kommentare in den sozialen Medien machten ihm klar, dass er im Begriff war, einen großen Fehler zu begehen.

Soziale Medien zur Rettung (es gibt im Internet nicht nur Mobbing)

In Zeiten, in denen Mobbing, Betrug und Gaunereien in sozialen Netzwerken weit verbreitet sind, ist es beruhigend, dass eine Gruppe von Mädchen und Jungen in Assam diesen Trend umkehrt und das Internet zur Bekämpfung sozialer Missstände wie der Zwangsheirat von Minderjährigen nutzt, sodass sie mittlerweile von denen gefürchtet werden, die die Kinderheirat befürworten und praktizieren.

Ainuddin Ahmed, Generalsekretär der *AAMSU (All Assam Minority Students Union)* freut sich, einen großen Kampf gewinnen zu können, der in einem ländlichen Dorf von jungen Leuten begonnen wurde, die Facebook und WhatsApp nutzen.

Artikel und Interviews über die Geschichten von Rulima und anderen Gemeinschaftsinitiativen werden auf dem Portal *VillageSquare.in* veröffentlicht:
„Ich habe die Initiative für die *AAMSU*-Plattform ins Leben gerufen“, sagt ein zufriedener Ahmed, „als ein Einzelner, der den erbärmlichen Zustand der Gesellschaft in den ungebildeten und armen Gebieten erlebt. Die

jungen Menschen dieser studentischen Organisation haben mich wirklich auf großartige und überwältigende Weise unterstützt."

Zusätzlich zu den *AAMSU*-Mitgliedern haben sich auch diverse NGOs und Polizeibeamte in diesen Social Media-Gruppen registriert. Die Möglichkeiten zur gemeinsamen Modernisierung des Landes nehmen immer mehr zu. Ahmed fordert jedoch eine stärkere Unterstützung durch staatliche Stellen, um noch bessere und weitreichendere Ergebnisse erzielen zu können.

Ein steiniger, gefährlicher Weg

Die Aktivitäten der *AAMSU*-Gruppe und anderer indischer Organisationen gegen Kinderheirat, kämpfen nicht nur gegen die Ignoranz und Verunsicherung vieler Familien, die die Heirat einer Tochter als Befreiung von finanziellen Verpflichtungen betrachten: ein Mund weniger, den es zu füttern gilt, außerdem eine Erleichterung von der Last, eine Tochter zu überwachen, die vor der Heirat „kompromittiert" werden könnte.
Ein Haupthindernis für das Kinderrechtsprojekt ist der Zorn der örtlichen

Machthaber, die die Kinderheirat propagieren und sogar so weit gehen, jeden anzugreifen und zu verprügeln, der ihnen in die Quere kommt.

In einem Interview mit der Internetseite *Village Square* (villagesquare.in) erklärte der junge Mann Ashraful Hussain, dass die Familie des Bräutigams ihn zusammen mit einem Freund attackiert habe, als er versuchte, eine Kinderheirat in der Nähe des Stadtteils Barpeta zu verhindern. Sie wurden geschlagen und tagelang getrennt in einem Haus gefangen halten, bis die Polizei von anderen Freunden der *AAMSU*-Gruppe eingeschaltet wurde und sie eines Nachts befreite.

Aber diese Gefahren schrecken die inzwischen zahlreichen jungen Menschen, die auf Facebook und WhatsApp aktiv sind, nicht ab. Sie verfolgen jedes Ereignis und jede Gewalttat im Zusammenhang mit Kinderheirat und ergreifen im Fall von Problemen sofort koordinierte Maßnahmen, um sie zu bekämpfen.
Die *AAMSU* organisiert auch Aufklärungskampagnen an verschiedenen Orten im ganzen Land und überträgt diese live auf Facebook. Die Ergebnisse können sich sehen lassen, denn im Jahr 2017 wurden im

Laufe weniger Monate 250 Kinderheiraten verhindert.

Die Hauptursache ist Armut

In Assam sind frühe Eheschließungen unter der muslimischen Bevölkerung und den indigenen Einwohnern weit verbreitet. Darüber hinaus gibt es sogar eine Organisation, die die Eltern mit Geld ermutigt, ihre Töchter zu verheiraten. Das macht das Vorhaben, kinderrechtsverletzende Praktiken abzuschaffen, komplizierter und mühsamer.

Im Zeitraum von 2015 bis 2016 waren laut dem *National Family Heath Survey (NFHS)* mindestens 32,6 Prozent der verheirateten Frauen im Alter zwischen 20 und 24 Jahren vor ihrem 18. Geburtstag verheiratet worden, 23,3 Prozent der Jungen im Alter zwischen 25 und 29 Jahren heirateten vor ihrem 21. Geburtstag. Außerdem wurden mindestens 14 Prozent der Mädchen im Alter zwischen 15 und 19 Jahren schwanger.

Bereits 1978 hatte das indische Gesetz festgelegt, dass Mädchen mindestens 18 Jahre alt sein müssen, um heiraten zu können, für Jungen beträgt das gesetzliche Mindestalter 21 Jahre.

In der Türkei gibt es noch viel zu tun

Lange Zeit galt die Türkei als eine fortschrittliche Nation, die die Gleichberechtigung respektiert, doch in jüngster Zeit scheint eine männlich-chauvinistische Kultur die Regierung zu dominieren, die Kinderheirat als normal betrachtet und daher nicht verurteilt.

Das türkische Institut für Statistik (*TurkStat*) teilt mit, dass im Jahr 2016 17,9 % der Ehen mit Kindern unter 18 Jahren geschlossen wurden. Auch in diesem Fall hat die Armut der in ländlichen Gebieten lebenden Familien darauf Einfluss. Darüber hinaus bringen der Zustrom junger Flüchtlinge aus Syrien, von denen viele sehr jung verheiratet sind, und die Probleme der Unterentwicklung im Osten und Südosten Anatoliens viele Leidensgeschichten und schreckliche Ereignisse wie den Tod von Kindsmüttern bei der Geburt oder als Folge von sexuellem Missbrauch zu Tage.

Im November 2016 verschlimmerte die türkische Regierung die Situation noch weiterhin, in dem sie durch einen Gesetzentwurf Männern, die wegen Missbrauchs einer Minderjährigen verurteilt worden waren, die Möglichkeit zur Straffreiheit durch eine sogenannte „Schrotflintenhochzeit“ gab.

Unmittelbar darauf begannen in der Türkei und in ganz Europa zahlreiche Protestaktionen, Unterschriftensammlungen und Petitionen an die Regierung mit der Aufforderung, von diesem Gesetzesvorschlag Abstand zu nehmen. Die öffentliche Meinung – sowohl die weltliche als auch die religiöse – einschließlich der von Erdoğan selbst gegründeten Frauenorganisation in der *AKP* (der in der Türkei regierenden islamischen Partei), verbreitete sich schlagartig im ganzen Land.
Von den islamischen Sprechern reagierte die Journalistin Ayse Bohurler mit heftigen öffentlichen Äußerungen auf Twitter, sie postete den Satz: „Dieser Vorschlag ist weder legal noch steht er im Einklang mit den Prinzipien des Islam. Im Islam ist sexueller Missbrauch eine Sünde und ein Verbrechen.“

An dem allgemeinen Protest beteiligten sich die Sozialdemokraten der *CHP*, die pro-kurdische *HDP* und Frauen und Männer aus allen sozialen Schichten. Alle waren gegen die Legalisierung des Kindesmissbrauchs.
Sogar die Tochter des Präsidenten Erdoğan, Sumeyye Erdoğan Bayraktar, Vizepräsidentin der Frauen- und Demokratievereinigung

KADEM, äußerte sich scharf gegen die Gesetzesvorlage.

Aufgrund der überwältigenden Zahl von Reaktionen eines so großen Teils der Öffentlichkeit musste die Regierung schließlich von ihrer Entscheidung Abstand nehmen. Das Gesetz zur Begnadigung der Vergewaltiger wurde zurückgezogen.

Kinderheirat ist in der Türkei bereits seit 2001 verboten, dennoch ist sie immer noch weit verbreitet.

Die NGOs gingen im Laufe der Jahre energisch gegen Kinderheirat vor, insbesondere nach dem Tod der jungen Kader, die im Alter von nur 11 Jahren verheiratet wurde und mit 14 Jahren nach der Geburt ihres zweiten Kindes starb.

Dies löste im Land eine weitere Welle der Empörung aus.

Die NGO *Kamer* untersuchte eine Stichprobe von 60.000 Frauen in 23 Provinzen einschließlich Siirt, wo die junge Kader lebte, und fand heraus, dass 33 % der Ehen mit Minderjährigen geschlossen wurden. Darunter gab es zahlreiche Eheschließungen mit Mädchen unter 12 Jahren in ländlichen Gebieten, bei in denen die Mädchen oft als Druckmittel bei Verhandlungen eingesetzt werden. Und wir reden hier über die Türkei, ein

Land, das ein Kandidat für den Beitritt zur Europäischen Union ist und ein anderes, moderneres Konzept zur Wahrung der Menschenrechte anstreben sollte.

Initiativen der Bevölkerung schaffen es, mit großem Aufwand und Engagement kleine Ergebnisse zu erzielen. Es wird jedoch wohl leider noch viele Jahre dauern, um den Kampf gegen die Armut und all die anderen Faktoren, die zu einem so hohen Anteil an Kinderheirat führen, zu gewinnen. Es gibt in der Türkei noch viel zu tun, und viel wird davon abhängen, wer dort regiert.

Kinderbräute, Geschichten von illegalen Ritualen, die zum Tode führen

In jedem Jahr werden Millionen von kleinen Mädchen zur Heirat gezwungen. Obwohl sie noch so klein sind, werden sie schwanger und sterben bei der Geburt. Ohne jeglichen Respekt für ihre Kindheit legen die Täter ihre Hände an diese unschuldigen Geschöpfe und begehen absolut illegale pädophile Verbrechen an ihnen.

In den Entwicklungsländern (ohne China) waren 70 Millionen Mädchen zwischen 20 und 24 Jahren bereits vor Erreichen ihrer

Volljährigkeit verheiratet, das ist mehr als jede Dritte.

Wir wissen, dass Armut und Ignoranz die beiden bestimmenden Faktoren sind, die dazu führen, dass Familien ihre Töchter verkaufen, für Bargeld oder für Sachgüter. Sie rechtfertigen sich dadurch, dass sie so die Jungfräulichkeit des Mädchens schützen, die sonst durch einen herumlaufenden Strolch verletzt werden könnte, und um ihr eine Zukunft zu ermöglichen, in der jemand für ihren Lebensunterhalt sorgt.

Um nicht in ihrer Jugend von einem Gleichaltrigen geschändet zu werden, werden diese armen Geschöpfe stattdessen in ihrer Kindheit von Erwachsenen missbraucht, die zwei oder dreimal so alt sind wie sie selbst (wenn sie sich nicht sogar schon uralte Greise sind), die glauben, das Recht über Leben und Tod zu haben, weil sie für ihre „Ware" bezahlt haben.

Lassen wir die Romantik beiseite

Wir sollten uns hier von jeglicher Sentimentalität lösen, denn bei der Inbesitznahme der Kindheit und Zukunft dieser kleinen Mädchen sind keinerlei Gefühle im

Spiel. Das Kind wird als Sexobjekt benutzt. Außerdem wird es noch zum Hausmädchen, das kocht, putzt und die Wäsche wäscht, einschließlich der Laken, auf denen sie mit ihrem Peiniger gelegen hat. Wenn ihr „Ehepartner" Tiere hält, muss sie sich auch um diese kümmern. Für den Täter ein doppelt vorteilhafter „Vertrag". Sie wird eine unterwürfige und gehorsame „Ehefrau" (ich würde es eher eine „Sklavin" nennen). Sie schweigt auch, wenn sie geschlagen wird, weil sie die Hausarbeit nicht richtig gemacht hat oder weil der Mann, der sie versklavt hat, einfach gewalttätig ist.

Überlegen Sie bitte mal, wie diese kleinen Mädchen leben: keine Puppen, keine Träume, keine Zukunft. Es gibt auch keine Freude, keine Ausflüge, keine Teenager-Liebesgeschichten und keine Spiele mit Gleichaltrigen. Bücher? Gibt es nicht. Schule? Nein.
Sie ist nur dafür da, um die Ziegen zu hüten und dem alten Mann sexuell zu Willen zu sein.
Der Schaden? Groß, viel zu groß. Im psychologischen und emotionalen, sozialen und gesellschaftlichen Bereich. Man kann es so ausdrücken:
Es ist, als würde man eine Knospe nehmen, die aufblühen und alles werden könnte: Lehrerin, Künstlerin, Ärztin, Politikerin. Oder auch eine

einfache Verkäuferin, die ihre Arbeit liebt, Kunden berät, Menschen trifft, Freunde hat und sonntags mit ihnen ins Kino oder tanzen geht.

Stattdessen wird diese kleine Knospe in eine Kiste gesperrt, in ein Haus, in dem ein Mann herrscht und in dem sie nur für zwei Dinge gut ist, nämlich als Küchenmädchen und Sexobjekt. Wenn sie Kinder bekommt, dann kann sie Mutterfreuden erleben. Allerdings mit einem echten Baby anstatt mit einer Puppe. Und bei einer so frühen Schwangerschaft ist die Sterblichkeitsrate für die Mutter und das ungeborene Kind extrem hoch. Neugeborene Babys einer Kindsbraut haben eine 60 Prozent höhere Wahrscheinlichkeit zu sterben als die Babys einer Frau, die über zwanzig Jahre alt ist.

Jedes Jahr bringen 7,3 Millionen Kinderbräute ein Kind zur Welt und tragen dabei ein enorm hohes Risiko, weil der Körper eines Kindes einfach dafür noch nicht bereit ist.

Das ist eine grausame Menschenrechtsverletzung, gegen die unbedingt mehr getan werden muss, in Form von strengen Vorschriften, vorbeugenden Maßnahmen, Bewusstseinsbildung im Bereich von Bildung und Kultur, in ländlichen Gemeinden, in Familien.

Die Möglichkeit, zur Schule gehen und lernen zu können, darf nicht länger ein Luxus sein, der nur wenigen vorbehalten ist.

Die *Unesco* veröffentlicht Statistiken, nach denen 65 Millionen kleine Mädchen keinerlei Zugang zu Bildung haben. Viele von ihnen werden Männern als Bräute angeboten, die ihre Väter, oder sogar Großväter sein könnten. Männer, die diese Mädchen dann als ihren Privatbesitz betrachten.

Tansania, verheiratete Mädchen gehen wieder zurück in die Schule!

In Afrika südlich der Sahara führen zwei Wege zur Kinderheirat. Von den Familien erzwungene Ehen machen einen bestimmten Prozentsatz aus, aber eine Umfrage hat gezeigt, dass es auch die Mädchen selbst sind, die aus Angst, sich nicht selbst ernähren zu können, sich für eine Heirat entscheiden.
Es ist immer die Armut, die das Schicksal der Benachteiligten bestimmt. Aber selbst diejenigen, die sich als Jugendliche für die Ehe entscheiden, bereuen es bald, die Schule verlassen zu haben und sich so ohne Zukunft wiederzufinden, weit weg vom schulischen Umfeld, von ihren Freunden und ihren Büchern.

Girls Not Brides hat eine Vertretung in der Region und hat das Gesundheitsministerium bei der Durchführung einer Umfrage unterstützt, an der auch andere Organisationen wie *Plan International, Children's Dignity Forum* und *FORWARD* teilgenommen haben.
Aus dieser Untersuchung geht hervor, dass 37 % der Mädchen in Tansania vor ihrem achtzehnten Geburtstag verheiratet sind. In den Städten Shinyanga und Tabora liegt der Anteil mit 59 % und 58 % sehr hoch, während

sie in Dar es Salaam und Iringa von jeweils 19 %
und 8 % zurückgingen.

Nach der Veröffentlichung dieser Erhebungen
ergriff die tansanische Regierung Maßnahmen,
um diese Situation zu ändern. Sie leitete eine
Reihe von Initiativen in die Wege, unter
anderem die Verabschiedung neuer Gesetze,
Investitionen in Bildung und Schulbusse und
die Verbreitung von Informationen, um die
ländliche Bevölkerung über die Schäden durch
frühe Heirat aufzuklären, anstatt diese als
Lösung für ihre Probleme zu betrachten.

Ein Schritt vorwärts und das Lob der UNO

In Tansania begann es mit Volksbegehren, um
den Druck der Verbände zusammen mit
Bildungs- und Kultureinrichtungen
fortzusetzen und auf einen Plan zur
Bewusstseinsbildung durch die
Kommunalverwaltung hinzuarbeiten, bis eine
Resolution gegen weibliche
Genitalverstümmelung und Kinderheirat
erreicht wurde.
Die Regierungsinstitutionen Tansanias wurden
dafür von den *Vereinten Nationen* im Februar
2016 in Dar es Salam von der Sprecherin Hoyce
Temu gelobt.

Dieser Erfolg war auch das Ergebnis zahlreicher Petitionen, die im ganzen Land organisiert wurden, darunter der Internationale Tag der Nulltoleranz für weibliche Genitalverstümmelung am 6. Februar 2016.

Diese Initiativen sind absolut unverzichtbar in einem Land, in dem durchschnittlich 15 % der Frauen von weiblicher Genitalverstümmelung betroffen sind, in der Region Manyara sind es sogar 77 %.
Tansania ist unter anderem Unterzeichner der Internationalen Konvention von Peking, die alle beitretenden Regierungen dazu verpflichtete, die Vorrechte junger Mädchen zu respektieren, die Geschlechterdiskriminierung abzuschaffen, die Gesundheit von Minderjährigen zu schützen und das weltweite Mindestalter für die Eheschließung auf 18 Jahre festzulegen.

Die *Vereinten Nationen*, die den neuen Trend zum Schutz von Kindern begrüßen, werden die Regierung Tansanias unterstützen, um alle Formen der Diskriminierung und Gewalt gegen Frauen und Mädchen zu beseitigen. Im Gegenzug haben sich ihre Regierungsvertreter dem Programm für nachhaltige Entwicklung angeschlossen, um die wichtigsten Herausforderungen des 21. Jahrhunderts wie

Armut, Ungleichheit und Gewalt gegen Frauen zu überwinden.

Der Maßnahmenplan in Tansania

Das Ziel des nationalen Maßnahmenplans ist die Beendigung der Gewalt gegen Frauen und Kinder, sexuelle Aufklärung in der Bevölkerung, die Kenntnis ihrer Rechte, die Möglichkeit der Verweigerung der Eheschließung und das Recht, den eigenen Lebensweg zu bestimmen.
Die Ermutigung zur Veränderung geht so weit, dass verheiratete Mädchen zur Rückkehr in die Schule überredet werden.

Das Bildungsministerium, private Organisationen, Organisationen der *Vereinten Nationen*, Gemeindevertreter und andere Interessenvertreter setzen sich für den gemeinsamen Kampf gegen Kinderheirat ein.
Die gut organisierte Zusammenarbeit vieler Akteure fängt an, greifbare Ergebnisse zu erzielen. Diese werden sich in Zukunft wahrscheinlich noch verbessern, wenn weiterhin Ressourcen, Informationen und Aktionen zur vollständigen Abschaffung der Kinderheirat eingesetzt werden.

Comics, um das Thema für alle verständlich zu machen

Das *Muhafiz Team* in Pakistan entwickelte eine sehr effektive Herangehensweise an das schwierige Thema der Kinderheirat: Comics, um insbesondere jungen Menschen die Probleme und Geschichten der Kinderbräute zu erklären.
Infolgedessen verwenden immer mehr private Organisationen diese Comics, und das hat sich sofort in Bezug auf die Verbreitung und Mitwirkung von Familien, Schulen und den Mädchen selbst ausgewirkt.
Diese Hefte sind leicht zu lesen, haben farbenfrohe Bilder und sind durch direkte Dialoge sehr gut verständlich.

Neue Entwicklungen in Pakistan mit „Werbe"-Lastwagen für das Recht auf Bildung

Man muss sagen, dass Malala Yousafzais Heimatland immer wieder neue Ideen hat, um das Projekt zur Abschaffung der Kinderheirat voranzubringen.
Die neueste Erfindung ist Werbung, die von Lastwagenfahrern in die entlegensten Winkel des Landes gebracht wird.

LKWs werden üblicherweise mit Werbung für neue Kinofilme, politische Wahlen oder sonstige Produkte versehen, aber Haji Khan, ein intelligenter LKW-Fahrer hatte die Idee, lächelnde Mädchen mit Büchern unter dem Arm darzustellen und darunter den Satz „Bildung ist ein Grundrecht der Mädchen, schicken Sie Ihre Töchter zur Schule" zu schreiben. Ein befreundeter Künstler half ihm dabei.

Nachdem die beiden diese faszinierende Idee diskutiert hatten, machten sie sich an die Arbeit. Der Künstler bemalte den Lastwagen mit einem in Blau gekleideten Mädchen mit einem aufgeschlagenen Buch, das Gesicht mit einem erfrischenden Lächeln und ausdrucksstarken Augen, die Freude ausstrahlen. Die positive Wirkung des Bildes ist auf die Freude zurückzuführen, die das Mädchen darüber zum Ausdruck bringt, die Schule besuchen zu können.

Haji Khan fuhr mit seinem Lastwagen durch die Städte und Dörfer Pakistans und erntete enormen Zuspruch. Die Anthropologin Samar Minallah griff diese Idee auf und trieb das Projekt mit Hilfe der *Unesco* und der Asiatischen Entwicklungsbank *ADB (Asian Development Bank)* voran.

Hier ist, was „newsd.in" schreibt:

Pakistan: Fahrer malen ein Bild des „lernenden Mädchens" auf ihre Lastwagen, um für das Recht der Frauen auf Bildung einzutreten

In Pakistan sind LKWs oft fahrende Reklametafeln, auf denen spärliche bekleidete Frauen oder Helden mit Pistolen dargestellt werden. Und natürlich das allgegenwärtige „Buri nazar waale tera muh kaala" (gegen den „bösen Blick"). Neuerdings sind sie allerdings auf die bemerkenswerte Idee gekommen, mit ihren Lastwagen für die Rechte von Frauen zu werben.

Die Rechte von Mädchen gewinnen in Pakistan immer mehr Land. Die Aktivistin und Dokumentarfilmerin Samar Minallah hat Lastwagenfahrer dazu gebracht, durch traditionelle Kunst das Bewusstsein für die Bildung von Mädchen im ganzen Land zu fördern, auch in den entlegeneren Gebieten.
Die Lastwagen sind jetzt mit riesigen Gemälden versehen, auf denen Bilder von lächelnden Mädchen mit Büchern zu sehen sind.
Den neuen Generationen soll das Recht auf Bildung gegeben werden und die Missstände der Kinderheirat sollen verurteilt werden.

Diese Kampagne hatte begonnen, als der LKW-Fahrer Haji Khan die Bemalung seines Fahrzeugs von einem Filmstar zu einem lächelnden Mädchen mit einem Schulranzen änderte. Darauf befindet sich der Schriftzug „Bildung ist das Grundrecht eines Mädchens. Schickt Eure Töchter zur Schule".

Laut eines Berichtes der Zeitschrift „Gulf News" hat ein LKW-Künstler bei einem Workshop in Peshawar Haji Khan vorgeschlagen, dass er dieses eindrucksvolle Bild auf seinem Laster anbringen sollte, um gegen Kinderheirat zu kämpfen. Khan stimmte sofort zu.

LKW-Kunst hat in Pakistan einen hohen Stellenwert. Wenn Khans Fahrzeug von Khyber bis Karachi fährt, dann betreibt er damit Zielgruppen-Marketing, denn in den ländlichen Gegenden ist die Kinderheirat immer noch am meisten verbreitet.
Die Sozialarbeiterin und Anthropologin Samar Minallah unterstützt dieses Programm. Sie stellte das Projekt der Asiatischen Entwicklungsbank (ADB) und der UNESCO vor, die jetzt diese „On-the-road"-Kampagne gegen Kinderheirat finanziert.[16]

Afghanistan, 9-jährige Kinderbräute

Während es in Pakistan klare Bestrebungen gibt, gegen die Kinderheirat vorzugehen, sei es durch Comics oder durch LKW-Werbung, ist der Weg in Afghanistan noch weit.
Stammestraditionen, die Anführer der verschiedenen Religionen, Unwissenheit und die unfassbare Armut führen dazu, dass die viele Familien ihre Töchter für beträchtliche Summen verkaufen.

Forschungsergebnisse zeigen gemäß des *Institute of War and Peace Reporting (IWPR)* die Tragweite des Problems. In den Provinzen von Balkh, Faryab und Jawzan waren die meisten Mädchen schon zwischen 9 und 14 Jahren verheiratet, obwohl das Gesetz in Afghanistan ein Mindestalter von 16 Jahren zur Heirat vorsieht.

Trotz Bemühungen, das Recht auch durchzusetzen, geben die örtlichen Behörden zu, dass sie zu machtlos sind, um Kinderheirat zu verhindern und natürlich auch nicht die meistens folgenden Schwangerschaften mit dem Risiko, bei der Geburt zu sterben.

Die *Weltgesundheitsorganisation (WHO)* hat die alarmierende Zahl veröffentlicht, dass 460 von 100.000 minderjährigen Mädchen, die sterben, durch Komplikationen bei der Geburt ums Leben kommen.

Die Strategien von Girls Not Brides

Leider wird die Kinderheirat in vielen Ländern der Welt von Menschen unterschiedlicher Ethnien und Religionen praktiziert. Diese Bräuche haben das Entwicklungspotenzial von Mädchen aus aller Welt untergraben. Vor fünf Jahren jedoch wurden mehrere Organisationen auf dieses schwerwiegende Problem aufmerksam und starteten

Interventionsmaßnahmen, um das zu ändern. Die Organisation *Girls Not Brides* mit ihren weltweiten Partnerschaften von etwa tausend verbundenen Organisationen, darunter in Italien das *Onerpo-Observatorium* und *Terre des Hommes*, hat gesellschaftliche und institutionelle Beschlüsse geplant, um das Leben vieler Kinder und Mädchen zu verbessern.

Girls Not Brides, die internationale Organisation gegen Kinderheirat. Die unterstützenden Verbände

Foto: *Girl-Up-Initiative Uganda.*

Girls Not Brides ist ein Verband aus über 1.000 privaten Organisationen in Afrika, Asien, dem mittleren Osten, Europa und auf dem gesamten amerikanischen Kontinent. Er setzt sich für das Ende der Kinderheirat durch einen breit gefächerten weltweiten Aktionsplan ein. So sollen alle ländlichen Gebiete erreicht werden, in denen es das Problem der Kinderheirat gibt, z. B. in Ägypten, Äthiopien, Nepal, Bangladesch, Burkina Faso, Tschad, Ghana, Mosambik, Nepal, Uganda, Sambia und Simbabwe.

Diese Initiativen gegen Kinderheirat kommen dort gut voran, wo die örtlichen Regierungen daran interessiert sind, ihren eigenen Teil dazu beizutragen, in dem sie Mittel zur Verfügung stellen und Strafen gegen Kinderheirat aussprechen.

In diesen Ländern sind unterschiedliche Ministerien involviert. Vom Gesundheitsministerium, das sich mit dem Fortpflanzungsalter und der Vorbeugung von Krankheiten der Mädchen befasst, bis hin zum Bildungsministerium, das den Schulbesuch überwacht.

Die Verbände, Schulen und die Allgemeinheit sind immens wichtig, um mit den Institutionen die Regierungsmaßnahmen zu unterstützen.

Die Arbeit von *Girls Not Brides* zeigt konkrete Fortschritte, vor allem in den letzten 5 Jahren. Sie lassen sich an der Verringerung der

Kinderheiraten messen, an der Vorbereitung und Verabschiedung von Gesetzen, der Höhe der zur Verfügung gestellten Mittel, der erhöhten Aufmerksamkeit von Politikern und Institutionen, der Neugründung von Organisationen und Bewegungen und der verstärkten Mitwirkung von jungen Menschen. Als ob sie zeigen wollten, dass die neue Generation anders ist und sich von der Vergangenheit abgrenzen will.

Eine Resolution gegen Kinderheirat durch das belgische Parlament

Der Beschluss der belgischen Regierung vom März 2015 befasste sich mit dem Problem der Kinderheirat in Ländern mit einer Heiratsquote von über 30 %.

Daher erneuerte sie ihr Kooperationsabkommen mit dem Niger, dem Land mit dem höchsten Prozentsatz an Kinderheirat, und arbeitete mit Mali, Mosambik, Uganda, der Demokratischen Republik Kongo, Tansania und Benin zusammen.

Direkt nach der Abstimmung im Parlament bezeichnete der stellvertretende Premierminister und belgische Minister für Entwicklungszusammenarbeit, Alexander De Croo, das Problem als komplex, denn es betrifft die Eltern, den sozialen Kontext und die schlechten Lebensbedingungen.

Die Resolution der belgischen Regierung, die von *Girls Not Brides* und *Plan International Belgien* unterstützt wurde, würdigte die schon vor einiger Zeit gestartete Kampagne zur Beendigung der Kinderheirat.

Diese und weitere Initiativen sind für das Anliegen der kleinen Mädchen unerlässlich. Je mehr Kräfte vor Ort im Einsatz sind, desto größer ist die Chance, das schmerzliche Kapitel abzuschließen, das den Kindern ihre Rechte verwehrt.

Nach den vom der Organisation *Plan International* veröffentlichten Zahlen wird es bis zum Jahr 2030 150 Millionen weitere Kinderbräute geben, wenn dieser Prozess nicht gestoppt wird.
Jeden Tag heiraten in den Entwicklungsländern 39.000 kleine Mädchen, und in nicht weniger als 146 Ländern der Welt können Mädchen unter 18 Jahren mit Zustimmung ihrer Eltern heiraten, während in 105 Ländern auch männliche Kinder von diesem Problem betroffen sind.
Diese Zahlen machen deutlich, dass auch hier eine Diskriminierung von Frauen existiert – bei völliger Missachtung der Kinder im Allgemeinen.

Das Gipfeltreffen der nepalesischen Mädchen

(Die seltsame Heirat mit einem Baum)

Nepal in Südasien hat sein eigenes Schicksal, weil es ein Binnenland ist.
Das Land teilt sich einige Sitten und das Fehlen von Rechten mit China im Norden und Indien im Süden.
Kathmandu, die multiethnische Hauptstadt des Landes hat eine überwiegend hinduistische und buddhistische Bevölkerung. Dort gibt bei der *Newar*-Ethnie jedes Jahr den *Ihi*-Ritus für Fruchtbarkeit, bei dem kleine Mädchen zwischen 5 und 12 Jahren mit einem *Belbaum* verheiratet werden. Es handelt sich dabei um ein Geschenk des Vaters, der im Himmel dafür belohnt wird, dass er der Tochter dies ermöglicht hat, bevor sie zur Frau wurde.
Kritik an dieser abergläubischen Praxis kommt von dem fortschrittlichen Teil der Gesellschaft, der diese Art der Vorankündigung einer „echten" Ehe als negativ für das Verhältnis zwischen Erwachsenen und minderjährigen Kindern betrachtet.

Die nepalesische Regierung nimmt das Problem in Angriff

Am 23. März 2016 griff die nepalesische Regierung das akute Problem der Kinderheirat und der weiblichen Genitalverstümmelung auf.
Das erste Gipfeltreffen fand im Juli 2014 in London statt. Der Präsident der Republik Nepal, Bidhya Devi Bhandarie, und Prinz Harry von Großbritannien nahmen teil. So begannen sich die nepalesischen Institutionen mit diesen ernsten Themen zu befassen.
In Nepal heiraten 41 Prozent der Mädchen vor dem 18. Lebensjahr, 10 Prozent von ihnen sind bereits im Alter von etwa 15 Jahren verheiratet – meist aufgrund von Armut und angestammten Bräuchen.
Die nepalesische Regierung ist sich bewusst, dass es schwierig sein wird, Überzeugungen und Bräuche abzubauen, wenn keine Maßnahmen gegen die Armut ergriffen werden, und hat deshalb eine Reihe von Initiativen in einem detaillierten und wirksamen nationalen Plan vorgesehen sind.

Indien erklärt es zum Verbrechen, Sex mit einer minderjährigen Ehefrau zu haben

Wenn auch langsam, so werden sich doch nach und nach die Regierungen der Länder, in denen die meisten Minderjährigen heiraten, dieses ernsten Problems bewusst und ergreifen durch Gesetze und Urteile die notwendigen Maßnahmen, um diesen grausamen Praktiken ihrer Vorfahren Einhalt zu gebieten.

In Indien hat der Oberste Gerichtshof entschieden, dass eine sexuelle Beziehung zwischen einem Mann und seiner minderjährigen Frau im Alter zwischen 15 und 18 Jahren als Vergewaltigung und somit als Straftat gilt. Die Richter waren der Ansicht, dass Geschlechtsverkehr mit Personen unter 18 Jahren gegen das Gesetz verstößt und die körperliche Unversehrtheit junger Mädchen verletzt.
Das Urteil erfolgte nach der Klage einer von einem Anwalt vertretenen Minderjährigen, die vor dem Gericht aussagte, dass sie durch Gewalt zum Geschlechtsverkehr mit ihrem Ehemann gezwungen worden war, der erwachsen und wesentlich älter als sie ist.

KAPITEL IV

WEITERE FÄLLE VON MISSBRAUCHTEN MÄDCHEN

Irak, Kinderbräute in Bagdad

„Irak, 9-jährige Kinderbräute", von Giuliana Sgrena

Es passiert im demokratischen Bagdad: „Ein Verbrechen gegen die Menschlichkeit", wie Hanaa Edwar es bezeichnet, „weil es den Mädchen ihr Recht raubt, eine normale Kindheit zu erleben."

So beginnt am 15. März 2014 der Artikel im Online-Magazin *The Globalist* von Giuliana Sgrena. Sie bezieht sich auf den von der irakischen Regierung verabschiedeten Gesetzesentwurf vom Februar 2013 zur Senkung des gesetzlichen Heiratsalters auf 9 Jahre.
Der von Justizminister Hassan al Shimari vorgeschlagene Gesetzentwurf nimmt dabei Bezug auf den Koran, nach dem Mädchen mit 9 Jahren in die Pubertät kommen und dann heiraten können.

Es folgten zahlreiche Proteste von Politikern und der Öffentlichkeit auf internationaler Ebene, unter anderem von Nickolay Mladenov, dem Vertreter der *Vereinten Nationen* im Irak, weil das Gesetz die durch internationale Abkommen garantierten Rechte der Frauen aufhob.

Feministischen Bewegungen und einer großen Anzahl von nationalen und ausländischen Oppositionellen gelang es, das abscheuliche pädophile Gesetz namens *Jaafari* zu stoppen, das die Herabsetzung des Heiratsalters genehmigen und das Gesetz von 1959 aufheben sollte, das, als es unter der Regierung von Abdel Karim Kassem nach der Revolution vom 14. Juli 1958 verabschiedet wurde, als eines der fortschrittlichsten Gesetze der Welt über Frauen- und Kinderrechte galt.

Unglücklicherweise hat die konservative schiitische Partei *Al-Fadhila* im November 2017 vor den Parlamentswahlen im Mai 2018 die aus dem Koran abgeleitete Regel erneut vorgeschlagen.

Daraufhin ließ das irakische Parlament die Frist für die Gesetzesvorlage verstreichen, wodurch die rechtliche Zuständigkeit in dieser Angelegenheit vom Staat auf die religiösen Autoritäten übertragen worden wäre.

Glücklicherweise setzten sich die Proteste im In- und Ausland durch, und es bleibt zu hoffen, dass Vorschläge, beim Schutz der Rechte rückwärts zu gehen, für immer gestrichen werden, denn sie sind schädlich, weit entfernt von einem tiefen religiösen Sinn und weit entfernt von menschlichen Werten. Ein Land wie der Irak, der über eine sehr alte Kultur und Tradition verfügt, hat es verdient, die Säkularität seines Staates beizubehalten und gleichzeitig die vielfältigen Religionen zu respektieren.

Sie war eine Sklavin, ohne es zu wissen

Nennen wir sie Leda, obwohl es nicht ihr richtiger Name ist. Dieser wird wie in jeder Nachrichtensendung mit Kindern zu Recht geschützt. Es ist eine der Geschichten, von denen wir bis vor einigen Jahren noch nicht einmal die leiseste Ahnung hatten, dass sie in Italien passieren könnten. Und das, nachdem wir jahrelang für Chancengleichheit, soziale Gerechtigkeit und Verfassungsgrundsätze, die die Rechte von Minderjährigen eindeutig schützen, gekämpft hatten.

Wir schreiben das Jahr 2004, Leda ist 14 Jahre alt, als ihre Eltern sie an eine kosovarische

Familie verkaufen. Einfach so, nicht mehr und nicht weniger, als ob sie anstatt eines jungen Mädchens irgendeinen Gegenstand oder ein Nutztier verkauft hätten.

Es passierte in Apulien und in der Stadt Pieve di Cento, ganz in der Nähe der hochintellektuellen Stadt Bologna.

Die Kosovaren waren sich schnell einig. Die Familie des angehenden Bräutigams machte ein Angebot:

„Würden Sie uns Ihre Tochter verkaufen? Wir müssen eine Frau für unseren Sohn kaufen.“

„Wie viel bieten Sie uns?“

„60.000 Euro.“

„Abgemacht. Nehmen Sie sie.“

Das ist eine beträchtliche Summe und es könnte durchaus den Anschein haben, dass die Familie, die das Mädchen kaufen wollte, nicht knauserig war um ihren Sohn zu verheiraten. Wenn man jedoch bedenkt, dass es sich um ein illegales Geschäft handelt, dass es sich um den Missbrauch einer Minderjährigen handelt, dann ist in diesem Preis auch das Risiko enthalten, außerhalb des Gesetzes zu handeln, jenseits jeder gesellschaftlichen Konvention und unter der Missachtung der allgemeinen Moral. Nicht nur nach italienischen Moralvorstellungen, sondern nach der Moral jeder zivilen Gesellschaft.

Wenn man diese Geschichte völlig nüchtern betrachtet, dann ist der Kauf von Leda im Prinzip wie eine geschäftliche Investition zu sehen. Denn das Mädchen ist nicht nur eine Teenagerbraut, die gezwungen wird, einen Mann hinzunehmen, der viel älter ist als sie. Sie wird auch nach dem Plan ihrer Käuferfamilie Geld durch Betteln „verdienen" müssen. Man zwingt sie, jeden Tag auf die Straße zu gehen, um zu betteln. Sie traut sich nicht, nach Hause zurückzukehren, bevor sie nicht eine entsprechende Summe eingenommen hat.

Da sie völlig wehrlos war, begann so Ledas trauriges Eheleben. Bei der geringsten Weigerung, ihren „Herren" zu gehorchen, wurde sie grün und blau geschlagen. Ihr Schwiegervater, der die „Transaktion" finanziell unterstützt hatte, verprügelte sie, ihr Mann misshandelte sie. Wenn Leda versuchte, Trost bei ihren eigenen Eltern zu finden, wurde sie auch von ihrem Vater und Familienoberhaupt geschlagen. Denn der war sehr besorgt darüber, die 60.000 Euro zurückzahlen zu müssen, die die kosovarischen Schwiegereltern im Falle eines „Vertragsbruchs" zurückfordern würden.

Leda saß in der Falle: „Wenn Du dieses Haus verlassen willst", sagte ihr Mann regelmäßig, „müsst Ihr die 60.000 Euro zurückbezahlen!"

Es reichte nicht aus, dass das Mädchen im Dorf als Putzfrau arbeitete, auch die Hausarbeit, die sie verrichtete, war nicht genug. Leda war gezwungen, jeden Tag hinauszugehen und um Geld zu betteln.

Wenn man weiß, welche Art von finanzieller Rendite ihren gierigen Schwiegereltern vorschwebte, wenn man sich überlegt, was sie zu verdienen gedachten, dann kann man sich ausrechnen, wie lange die Sklaverei des Mädchens andauern sollte.

Mit jedem Protest, mit jeder Weigerung betteln zu gehen (in der Tat hatte das Mädchen seine Würde und schämte sich, ihre Hand nach den Passanten auf der Straße auszustrecken) nahmen die Beleidigungen und die Gewalt zu.

Dabei erlitt Leda eine ausgekugelte Schulter und einen gebrochenen Arm. In der Kirche von *S. Pietro Casale*, in der sie putzte, lieh ihr eine

Frau etwas Geld. Damit floh sie nach Apulien, wurde aber bald wieder zu ihrem Mann zurückgebracht.

Unglücklicherweise dauerte die qualvolle Geschichte etliche Jahre, Leda brachte inzwischen drei Kinder zur Welt. Sie zog zwischenzeitlich mit ihrem Mann in die Schweiz, nach ihrer Rückkehr ins Piemont konnte sie es nicht länger ertragen. Am 19. Dezember 2012 meldete sie alles bei der Polizei in der Stadt Gravellona Toce. Es kam zu Gerichtsverhandlungen, ihr Ehemann und ihre Schwiegereltern wurden verurteilt. Leda wurde in einem Frauenhaus aufgenommen, dort kam sie zur Ruhe und begann, ihr Leben ohne Angst, Schläge und Drohungen zu leben.

Mariama, verkauft für 152.000 Euro! Auf Wiedersehen Bildung. Auf Wiedersehen Träume von einem besseren Leben

Mariama war jedes Mal glücklich, wenn die Lehrerin sie lobte und sie ermutigte. Sie hörte gut zu und sah eine neue Welt zum Greifen nah. Die Worte der Lehrerin inspirierten sie, die Noten in ihrem Heft waren wie Edelsteine, die ihr elendes Leben bereicherten. „Es wird nicht immer so sein, in diesen armen Häusern, mit diesem harten Leben und kaum irgendetwas um mich herum ..."

Sie träumte von einem Haus voller Bücher, von einem Schreibtisch, an dem sie schreiben und lernen würde. Sie träumte von Studienreisen und später einem Abschluss, durch den sie einen wichtigen Beruf ausüben könnte.

Mariamas 13 Lebensjahre bestanden jeden Tag aus dem Versuch, sich eine Zukunft aufzubauen. Ihre verträumten Augen spiegelten jedes Mal ihre Vorstellungen wider, wenn sie etwas Neues lernte. Sie lernte, wie sich ihr Heimatland Niger geografisch zusammensetzt, sie lernte, dass die Welt groß und wundervoll ist. Eine Welt, in der Kinder das Recht haben, zu wachsen, zu studieren und zu spielen. Eine Welt, in der niemand von Mädchen erwartet, dass sie mit Gewalt an fremde, alte oder vergreiste Erwachsene verheiratet werden.

Mariama wusste um die extreme Armut ihrer Familie. Ihre Mutter war Witwe, hatte viele Kinder und führte ein entbehrungsreiches Leben. „Ihr Leben ist hart", dachte Mariama, „aber ich werde in der Lage sein, es ihr zurückzuzahlen, wenn ich arbeite. Unser Leben wird durch das Geld, das ich nach Hause bringen werde, für sie und meine jüngeren Geschwister leichter werden. Es wird eine Zeit kommen, in der wir alle glücklich zusammenleben werden.“

Der Hinterhalt

Eines Tages, als sie von der Schule zurückkam, warnte sie eine Nachbarin, dass jemand ein Komplott gegen sie schmiede. Jemand mit viel Geld, der wusste, wie man andere mit Geld überzeugen konnte, bot Mariamas Mutter 152.000 Euro an, um sie zu kaufen.
Sie konnte es nicht glauben. Es löste einen Aufruhr in ihr aus. Sie sagte sich: „Wie kann das sein? Ich gehöre zu den fleißigsten Schülern meiner Schule. Ich bin die Beste in Mathematik. Ich habe meiner Mutter immer gesagt, dass ich studieren will, dass ich arrangierte Ehen hasse, dass Männer, die ein kleines Mädchen heiraten wollen, ekelhaft sind! Warum passiert mir das?“

Mariama sah ihren Anwärter und fühlte sich aufs äußerste abgestoßen: Sie hasste die Vorstellung, mit diesem Mann Sex zu haben. Sie hasste ihr Leben.
Als man ihr sagte, dass sie nicht mehr zur Schule gehen müsse, war sie bestürzt, am Boden zerstört! Sie schlief nicht, sie aß nicht. Sie ging nicht mehr aus dem Haus, denn was

hatte es für einen Sinn, das Haus zu verlassen, wenn sie nicht zur Schule gehen konnte.

Ihre Freundinnen lachten sie aus, die älteren Frauen versuchten, sie davon zu überzeugen, nicht gegen ihr Schicksal zu kämpfen.

Sie sagten ihr, eine Frau müsse heiraten, solange sie noch Jungfrau sei, also sobald sie eine Jugendliche sei, bevor jemand ihre Jungfräulichkeit ausnutzt und das zerstört, was ein Mädchen in den Augen der Männer attraktiv macht.

Glücklicherweise erfuhr die humanitäre Hilfsorganisation *Plan International* davon und leitete sofort sämtliche rechtlichen und begleitende Maßnahmen ein, damit Mariama wieder zur Schule gehen musste und nicht zur Kinderheirat gezwungen wurde.

Als Mariamas Mutter angeklagt wurde, verteidigte diese sich, indem sie behauptete, sie wisse nicht, wie sie ihren Kindern etwas zu essen geben solle, das Geld sei auch für Mariamas Zuhause, und dass sie es im Grunde bedauere, ihre dreizehnjährige Tochter verkauft zu haben.

Wie immer gibt es in armen Familien einen Konflikt zwischen der Zuneigung für ihre Töchter und einem verlockenden finanziellen Vorschlag im Falle einer Kinderheirat. Der größte Konflikt besteht jedoch zwischen Fortschritt und der Bindung an Stammesbräuche, Aberglauben und Ängste.

Sozialarbeiter müssen entschlossen handeln, um Ergebnisse zu erzielen, aber auch rechtliche Mittel einsetzen, soweit möglich. Sie müssen durch Gespräche überzeugen und Mut zur Veränderung geben.

Die erfolgreiche Intervention durch *Plan International* war für Mariamas Zukunft und die Veränderungen, die das Mädchen wollte, ermutigend. Sie klammerte sich an die Hoffnung, dass alles wieder so werden würde wie vorher, dass der Alptraum einer abstrusen Ehe mit einem unbekannten Erwachsenen enden würde.

Und schließlich wurde ihr Traum wahr. Mit ihren Büchern unter dem Arm überquerte sie die Schwelle der Tür zu ihrer Schule, ihre Augen strahlten vor Glück.

Seit dem hat Mariama mit Begeisterung den Unterricht besucht und gelernt. Sie fühlt sich wie ein anderer Mensch. Die Kindsbraut ist weit weg aus ihrem Leben, ein Bild des Leidens, das sie vergessen möchte. „Ich bin Mariama", sagt sie sich selbst, „ich habe mein ganzes

Leben noch vor mir. Ich werde einen Abschluss machen, ich werde Richterin sein und ich werde die Hauptdarstellerin in meinem Leben sein."

Sonita Alizadeh, der Wendepunkt in ihrem Leben: Musik

Maria Sordino schreibt auf „2anews.it" über sie:

Sonita Alizadeh ist eine Aktivistin, eine Rapperin, ein afghanisches Mädchen. Sie singt, um die Ungerechtigkeiten anzuprangern, unter denen die Frauen in ihrem Land leiden. Sie hofft, ihr Elend ändern zu können. Sonita sagte „Nein" zu ihrem Schicksal als Kinderbraut und rappte ihre Ablehnung: Ihr Lied ging vor zwei Jahren viral. [17]

Die Stärke, mit der Sonita versuchte, der Aussicht auf ein Leben als Verstoßene zu entgehen, ist bemerkenswert.
In Afghanistan geboren, lebte sie mit ihrer Familie in einem Flüchtlingslager im Iran. Aber sie wusste, das war nicht das Schlimmste, was ihr passieren könnte. Das Schlimmste passierte, als ihr Vater einwilligte, sie für 9.000 Dollar an

einen Mann zu verkaufen, der die heiraten
wollte, obwohl sie noch ein Kind war.

Die intelligente und kreative junge Sonita
empfand Mitgefühl mit ihrer Mutter, die
ihrerseits zur Kinderheirat gezwungen worden
war, und rebellierte gegen diese Zustände mit
dem von ihr komponierten Rap-Song *Dokhtar
Forooshi* („Töchter zu verkaufen“).
Sie spielte ihr Lied einer Filmproduzentin vor,
die mit ihr ein Musikvideo aufnahm. Dieses
Video wurde ins Internet gestellt und wurde
sofort sehr erfolgreich, alle Mädchen, die von
klein auf Missbrauch ertragen mussten,
identifizierten sich damit.

*Lass mich Dir meine Worte leise zuflüstern,
damit niemand hört, dass ich über den
Verkauf von Mädchen spreche.*

Aber sehen wir uns Sonitas Geschichte genauer an

Im Alter von zehn Jahren lebte sie mit ihren
Eltern in der Stadt Herat im Westen
Afghanistans. Hier wäre sie schon zum ersten
Mal fast als Kinderbraut verkauft worden, doch
der Einmarsch der *Taliban* zwang die Familie
zur Flucht in den Iran, was Sonita vorerst

rettete. Im Flüchtlingslager lernte sie lesen und schreiben, obwohl sie als illegale Immigrantin dort nicht zur Schule gehen durfte.

Sie hielt sich gerne bei der internationalen Organisation *Girls Not Brides* auf und lernte dort von den anderen Jugendlichen zu rappen.

Und hier kommt der Plan ins Spiel, sie für 9.000 Dollar zu verkaufen, die Summe, die ein Freier ihrem Vater angeboten hatte.

In der Zwischenzeit hatte Sonita die iranische Filmemacherin Rokhsareh Ghaem Maghami kennengelernt, die das Talent des jungen Mädchens erkannte und sich mit ihr anfreundete.

Um ihr zu helfen, überzeugte Maghami Sonitas Eltern, die Heirat zunächst auszusetzen, und gab ihnen 2.000 Dollar für ihre dringendsten Ausgaben. Dann nahm sie mit Sonita das Lied „Hymn to Peace" (Hymne an den Frieden) und einen Song für demokratische Wahlen in Afghanistan auf. Die Texte dafür hatte die begabte Sonita selbst geschrieben. Der Regierung gefielen diese Lieder so gut, dass sie für sie eine Ausnahme von dem Gesetz machten, dass Frauen im Iran keine Musik machen dürfen.

Aber danach widmete sich Sonita ihrem eigentlichen Kampf, sie sang die Worte, die ihr am Herzen lagen. In einem Internet-Video erscheint sie in einem Hochzeitskleid, das Gesicht geschwollen und verwundet. Sie richtet sich in einem langen, beindruckenden Lied an ihren Vater.

Ihre ersten Worte sind nur leise geflüstert, um die Angst auszudrücken, die Frauen empfinden, wenn sie sich gegen das Gesetz der Scharia auflehnen.

Lass mich Dir meine Worte leise zuflüstern
Damit niemand hört, dass ich über den Verkauf von Mädchen spreche
Meine Stimme soll nicht gehört werden, weil das gegen die Scharia ist
Frauen müssen schweigen. Das ist der Brauch in dieser Stadt
Ich schreie, um das lebenslange Schweigen einer Frau auszugleichen
Ich schreie im Namen der tiefen Wunden meines Körpers
Ich schreie für den Körper, der in seinem Käfig verschlissen wurde
Ein Körper, der unter dem Preisschild zusammenbrach, das du ihm angehängt hast
Ich bin 15 Jahre alt, aus Herat
[...]
Mein Vater ist besorgt über die Lebenshaltungskosten
Wer auch immer mehr bereit ist zu bezahlen, bekommt das Mädchen

Wenn ich gewusst hätte, dass du ausrechnest, was ich koste

Wenn ich gewusst hätte, dass du meine Bissen zählst

Dann wäre ich hungrig vom Tisch aufgestanden, oder ich hätte das gegessen, was du übriggelassen hättest

Wie all die anderen Mädchen bin ich eingesperrt

Ihr seht in mir ein Schaf, das ihr nur aufzieht, um mich zu fressen.

Sie sagen immer wieder, dass es an der Zeit ist, mich zu verkaufen.

Aber ich bin ein Mensch, hier sind meine Augen und Ohren.

Hast Du schon mal ein Schaf gesehen, das sich über den Tod beklagt?

Hast Du schon mal ein Schaf gesehen, das solche Gefühle hat wie ich?

[...]

Ich hoffe, Gott wird dein Lächeln erhalten.

Und ich werde mein Lächeln gegen deinen Schmerz tauschen

Aber ich wünschte mir, dass du noch mal in den Koran schaust

Ich wollte, dass du wüsstest, das dort nirgends etwas über den Verkauf von Frauen geschrieben steht.

Hör auf, ich brauche Frieden.

Lass mich in Ruhe. Ich kann das Make-up
nicht mehr ertragen
Denn mein zerschlagenes Gesicht wird nicht
durch Makeup geheilt
Was du mir angetan hast, würden die
Ungläubigen den Muslimen nicht antun
[...]
Ich gehe jetzt, aber nur für den Fall, dass Du
vermisst
Lasse ich Dir meine Puppe da
Bring sie nicht so wie mich zum Weinen
Verkaufe sie nicht, lass sie ein Geschenk sein,
um Dich an mich zu erinnern.[18]

Der Song, den ich nur in Teilen transkribiert habe, ging viral, mit Hilfe von *Brides for Sale* sogar auf der ganzen Welt.[19]

Der Erfolg der Initiative von Sonita Alizadeh lässt sich an der großen Zahl von Aufrufen im Internet von all denen messen, die wie sie selbst von Emanzipation und einem Aufwachsen als freie Menschen träumen.

Sonita wollte an der Universität studieren und sich eine Zukunft als unabhängige Frau aufbauen.

Die Organisation *Strongherat Group* unterstützte das Mädchen und gründete dafür eigens die Vereinigung *Sonita's dream* („Sonitas Traum") mit dem Ziel, arme Familien zu unterstützen und sie davon zu überzeugen, ihre Mädchen nicht als Bräute zu verkaufen.

Sie singt auch weiterhin bei Konzerten, die die Herzen der Menschen, die ihr zuhören, besser erreichen als jede andere Initiative.

Auch ihr Verhältnis und das gegenseitige Verständnis mit ihren Eltern verbesserte sich mit der Zeit.

Sonita befürchtete, dass ihr Vater und ihre Familie es nicht gut aufnehmen würden, wenn sie Worte des Videos hörten. Aber das Leid und die Aufrichtigkeit, mit der Sonita sich geäußert hatte, beeindruckte sogar ihre Eltern, die ihren Fehler erkannten und sagten: „Wir werden Dich nie wieder bitten, zu heiraten!"

Wenn sie eines Tages, nachdem sie alle ihre Pläne verwirklicht hat, den richtigen Mann trifft, dann werden die Eltern dieser Ehe freudig zustimmen.

Heutzutage ist Sonita sehr beschäftigt mit ihrem Studium, ihren sozialen Aktivitäten, dem Besuch ihrer Freunde und der Teilnahme an Veranstaltungen.

Sie ist den Menschen dankbar, die ihr geholfen haben, und denkt heute auch dankbar an ihre Familie:

Es bedeutet mir sehr viel, dass meine Familie für mich gegen unsere Traditionen verstoßen hat. Jetzt, sagt sie lächelnd, „bin ich in einer Position, von der ich nie gedacht hätte, dass ich sie erreichen würde.

Wenn Leiden einem die Kraft zum Kampf gibt: Anika, die Aktivistin, die Kinderbräute verteidigt

Anika ist ein wunderschönes Mädchen aus Kalkutta.

In Armut aufgewachsen, verließ ihre Mutter sie und ihre Schwester Rajasthan, als sie 12 Jahre alt war.

Auf Anordnung ihres Vaters gingen die beiden Mädchen nicht mehr zur Schule, sondern machten die Hausarbeit. So gehörten sie zu den 15 Millionen Mädchen in den Entwicklungsländern, die vorzeitig die Schule verlassen. Ihnen wurde nicht nur das Recht verwehrt, eine Ausbildung zu erhalten, sondern auch eine sorgenfreie Kindheit erleben zu dürfen.

Trotzdem gab Anika nicht auf. Sie redete auf ihren Vater ein, verteidigte ihre Rechte und die ihrer Schwester. Beide Mädchen wollten weiter zur Schule gehen, aber ihr Vater ignorierte sie.

Eines Tages kamen sie in Kontakt mit *Save the Children* („Rettet die Kinder"), dank eines Nachbarn, der mit ihnen dort hinging. Die freundlichen Mitarbeiter dieser Organisation hörten den Mädchen aufmerksam zu und versprachen, mit ihrem Vater zu reden. Nach vielen Gesprächen gelang es ihnen schließlich, den Vater zu überzeugen, seine Kinder wieder zur Schule zu schicken.

Aber Anika reichte das noch nicht. Obwohl sie erst 12 Jahre alt war, hatte sie schon einen sehr ausgeprägten Sinn für ihre Pflicht gegenüber anderen, die keine Chance haben, sich geistig und sozial zu entwickeln. Sie wurde eine Aktivistin und kämpfte mit einer Gruppe von anderen Kindern für die Rechte von kleinen Mädchen und gegen Kinder- und Zwangsheirat.

Anika verfolgte dabei eine Strategie: Sobald sie davon hörte, dass eine Familie eine Kinderheirat plante, griff sie ein. Sie ging sie mit ihrer Gruppe zu den Eltern der designierten Kinderbraut und erklärte ihnen alle Gefahren, die für ein kleines Mädchen mit einer Kinderheirat und einer Geburt im Kindesalter verbunden.

Anika hatte damit oft Erfolg, es machte sie sehr glücklich, mit ihren Freundinnen zur Schule zu gehen, die sie vor einem grauenhaften Dasein gerettet hatte, ohne Rechte und mit absolutem Gehorsam gegenüber ihrem Ehemann und Gebieter. Denn das passiert den Mädchen, die, anstatt zu spielen, von ihrer Familie gezwungen werden, als Kindfrau mit einem Mann zu leben, den sie weder wollte, gewählt noch geliebt hat.

Auch heute noch beherrscht das Patriarchat ein System der Unterdrückung, das Frauen, vor allem kleine Mädchen, als Wesen betrachtet, die dem Familienoberhaupt gehören und für das er bequem Geld, eine Mitgift oder eine andere Leistung erhalten kann, indem er seine Tochter als Kinderbraut weggibt.

Der Ehemann ist fast immer ein Fremder, der die Kinderbraut einschüchtert. Ein Rohling, vor dem das unglückliche Kind fliehen möchte. Aber da sie in der Regel diesem bitteren Schicksal nicht entkommen kann, wird ihr bald klar, dass ihr sogenannter Ehemann ein Herrscher ist, der ihr jede Freiheit nimmt. Er ist ein Erwachsener, der ihr Vater oder Großvater sein könnte und Sex mit ihr will.

Es ist sinnlos, zu weinen und zu schreien, zu flehen und zu protestieren. Ihre Verzweiflung nützt ihr nichts. Der Mann brüstet sich mit seinen Eigentumsrechten, weil er das Mädchen gekauft hat, als wäre sie ein Objekt, und er behandelt sie auch wie ein Objekt, wenn er sie sexuell missbraucht.

Kriti Bharti, die 29-Jährige, die über 900 Kinderheiraten verhindert hat

Wie Anika ist auch Kriti Bharti für ihr soziales Engagement zur Rettung junger Mädchen zu bewundern.

Wir sprechen immer noch über Indien, über den nördlichen Bundesstaat Rajasthan. Kriti ist erst 29 Jahre alt, aber sie hat bereits etwas wirklich Bemerkenswertes erreicht: Sie hat mehr als 900 kleinen Mädchen das schreckliche Schicksal einer Kinderheirat erspart.

Ein fröhliches Lächeln und ein entschlossenes und optimistisches Wesen kennzeichnen die schöne Kriti, obwohl sie selbst eine schwierige Kindheit hatte, die von Armut geprägt war, denn ihr Vater hatte sie bei der Geburt verlassen. Sie war verbittert darüber, dass sie die Schule wegen einer Vergiftung verlassen musste, die sie geschwächt hat und für lange Zeit zur Behandlung zwang.

Doch es gab immer ein Licht am Ende des Tunnels für das Mädchen. Sobald es sein Studium wiederaufnehmen konnte, machte es seinen Abschluss und promovierte in Psychologie.

Dann gründete Kriti die Organisation *Saarthi Trust*, deren Präsidentin sie ist. Deren Zweck ist es, kleinen Mädchen zu helfen und ihre Rechte zu schützen, ihre Kindheit zu leben, zu studieren und für sich selbst zu entscheiden.

Unterstützt von der Regierung hat die Organisation Beratungsstellen, betreut Schul- und Familienengagement-Projekte, um den Menschen die durch Kinderheirat verursachten Schäden deutlich zu machen.

Wo es nicht gelingt, Überzeugungsarbeit zu leisten, unternimmt das Team rechtliche Schritte, um die Annullierung von Ehen zu erwirken, und bis heute hat Kriti mehr als 6.000 Kinder und mehr als 5.000 Frauen mit Rechtsbeistand und einem Rehabilitationsprojekt gerettet, um sie aus der sozialen Isolation herauszuholen und ihnen zu helfen, ihr Studium wiederaufzunehmen oder ein Handwerk zu erlernen und wieder optimistisch in die Zukunft zu blicken.

Parul, die Siegerin, die niemand wollte

Die Menschen werden nicht als Champions geboren, aber sie werden zu Champions. Manche werden mit einer Behinderung geboren, was in bestimmten ländlichen

Gebieten dazu führt, dass sie als Versager betrachtet werden, weil sie nicht voll „funktionieren“.

Wir sind in Bangladesch, Parul wurde mit einer leichten geistigen Behinderung geboren. „Was kann man da schon tun?“, dachten ihre Verwandten.

Sie resignierten und kümmerten sich so wenig wie möglich um sie, während ihrem Bruder, der gesund und vielversprechend war, viel Aufmerksamkeit und Zuneigung zuteilwurde. Das fing schon beim Essen an, ihr Bruder bekam viel mehr und besseres Essen als Parul.

Die ungleiche Behandlung der beiden Kinder war so gravierend, dass das kleine Mädchen Gewicht verlor und, sich praktisch selbst überlassen, unter schwerer Mangelernährung litt.

Doch an dem Abend, an dem das kleine Mädchen von den Aktivisten der Organisation *Bangladesh Protibondhi Foundation* bemerkt wurde, leuchtete für Parul ein Stern am Himmel auf. Die Aktivisten erkannten sofort, wie sie wegen ihrer Behinderung diskriminiert wurde.

Die Familie hielt es für unnötig, sie in die Schule zu schicken, ihre Freunde hänselten sie und aufgrund ihrer „mittelalterlichen“ Denkweise dachten die Menschen in ihrer

Stadt, es sei allein die Schuld ihrer Mutter, ein behindertes Kind zur Welt gebracht zu haben.

Um mit der schweren Diskriminierung von Paruls Rechten fertig zu werden, mussten die Mitarbeiter der *Bangladesh Protibondhi Foundation* bei der Familie eine lange Überzeugungsarbeit leisten, indem sie ihnen die Menschenrechte und den Weg zu finanziellen Hilfen und Wege der sozialen Entwicklung erklärten.

Den Sinneswandel zu erreichen war schwierig, aber nach und nach geschah er wie der stete Tropfen, der den Stein höhlt. Die Worte der freundlichen Helfer überzeugten die Eltern schließlich, das Mädchen wieder in die Schule zu schicken.

So leuchtete der Stern, der das Leben des kleinen Mädchens erhellte, weiter für sie und nach einer Weile geschah etwas Unglaubliches! Parul, die wieder zur Schule ging, zeigte ein bemerkenswertes sportliches Talent. Sie war eine gute Schwimmerin, sie liebte es, im Wasser zu sein.

Sie trainierte und wurde jeden Tag besser. Sie nahm an Sportwettkämpfen teil, auch an internationalen, und gewann Medaillen, Preise und sogar die Goldmedaille bei den *Special Olympic Games* in Australien 2013 und später auch in den USA.

Ihr Land, ihr Vater und ihre Mutter sind stolz auf ihre Leistungen, sie blicken heute mit Scham auf die Zeiten zurück, als sie das kleine Mädchen wie einen Menschen zweiter Klasse behandelten. Sie bedauern ihr Verhalten und befürchten, dass sie dies ihr ganzes Leben lang bereuen werden.

Aisha, von der man sagte, sie sei von Dämonen besessen

Auf was für unfassbare Ideen kann man eigentlich kommen, wenn man frauenfeindlich ist? Aishas Onkel kam auf eine unglaubliche: Er behauptete, das Mädchen sei von Dämonen besessen.

Die Geschichte begann im afrikanischen Togo, als Aisha von ihrem Vater verwaist wurde. Als ihre Mutter dann flüchtete, wurde sie in die Obhut eines Onkels gegeben wurde, der sie zwar bei sich aufnahm, aber letztlich in ihr nichts weiteres als einen weiteren Mund sah, den es zu füttern galt.
Er konnte es nicht erwarten, sie mit jemandem zu verheiraten und täglich kam eine Prozession von Männern: Erwachsene, hauptsächlich widerliche Pädophile, die alle sehr hartnäckig

versuchten, Aishas Hand von ihrem Onkel zu bekommen.

Der Onkel drängte das Kind:
„Du musst dich für einen entscheiden!"
Das Mädchen weigerte sich. Er wiederholte mehrmals am Tag:
„Du musst heiraten. Du kannst nicht in meinem Haus bleiben. Du musst zu einem Ehemann gehen. So läuft das hier!"

Doch Aishas skrupelloser Verwandter hatte keinen Erfolg, denn es gelang ihr, Kontakt zu *Plan International* aufzunehmen, wo ihr Fall auf großes Interesse stieß. Als man mit ihren Lehrern in der Schule sprach, stellte sich heraus, dass Aisha einen brillanten Verstand und eine große Lernbereitschaft hatte.

Die Organisation beschloss, dem Mädchen zu helfen, aber es war ein ungleicher Kampf. Aisha litt sehr und tat alles, was sie konnte, um sich den Befehlen ihres Onkels zu widersetzen.

Der unfassbare Fall dieses Mädchens, das zur Heirat gezwungen wurde, obwohl sie eine aufgeweckte und intelligente Schülerin war, wurde in einem bewegenden Artikel von Valeria Panzeri in der *Urban Post* beschrieben, in dem sich Trauer und Hoffnung abwechseln:

Ich möchte lernen, ich will niemandem eine Ehefrau sein. Ich bin vor der Hölle geflohen, als mein Vater starb, aber ich hatte nicht begriffen, dass die tatsächliche Hölle jetzt ist. Mein Bruder kann studieren, aber es gibt nicht genug Geld für uns beide, also haben sie beschlossen, in ihn zu investieren, weil er ein Junge ist. Aber ich bin klug, fragen Sie meine Lehrer, ich kann es genauso gut oder sogar besser als die Jungen.[20]

Ihr Onkel, der nicht lockerließ, dem Mädchen seinen Willen aufzuzwingen, erfand dann eine Theorie, nach der seine Nichte sich so resolut wehrte, weil sie von Dämonen besessen sei. Und um seine lächerliche Theorie zu beweisen, behauptete er, dass die Rückenschmerzen, unter denen Aisha litt, das Werk des Teufels seien.

So wurde eine neue Art von Besitzansprüchen über die Körper von unschuldigen kleinen Mädchen geboren. Gemäß dieser unsittlichen Auffassung ist es unvorstellbar, dass der Körper eines kleinen Mädchens intakt sein kann, wenn es sich weigert, von einem erwachsenen Mann missbraucht zu werden. Denn dann wird der Teufel höchstpersönlich den Körper des kleinen Mädchens heimsuchen, ihn in Besitz nehmen und ihm Rückenschmerzen zufügen.

Es gibt also kein Entkommen für ein armes Mädchen, das sich nur entwickeln, lernen und in seiner Freizeit vielleicht sogar ein wenig spielen möchte. Es gibt also nur die Wahl zwischen einem alten Pädophilen und dem Teufel.

Die verstoßene Aisha

Verstoßen und verflucht übergab Aishas Onkel sie an einen Geistlichen, um sie zu „erlösen".

Der Pfarrer behandelt mich, schrieb das Mädchen, weil er sagt, meine Rückenschmerzen seien nur die Folge meines Fehlverhaltens. Ich müsse tun, was er mir befiehlt, dann werde ich vielleicht wieder gesund.

Wie lange kann sich dieses kleine Mädchen gegen so viel Übergriffigkeit wehren? Ihr Onkel, ihre Verwandten und nun auch der Priester. Sie war allein gegen einen unerträglichen Ansturm von Ratschlägen, Drohungen, Versprechungen und Einmischungen von Menschen, von denen man nicht wirklich glauben kann, dass sie in gutem Willen den Wunsch eines kleinen Mädchens,

Kind zu bleiben, so hartnäckig außer Kraft setzen wollten.

Zu den Überredungsaktionen all ihrer Verwandten kam das tägliche Auftreten eines Mannes, der ständig versuchte, ihre Unschuld zu unterwandern: mit Geschenken, Geld und plumper „Anmache". Aisha nahm von diesem Perversen nicht einen Cent an und lernte, lernte, lernte. Sie hatte Rückenschmerzen und lernte dennoch weiter. Sie weinte heimlich und lernte dennoch. Sie wollte ihren Abschluss machen. Sie wollte eine andere Zukunft, weit weg von diesem Lumpengesindel. Sie wollte an einem Ort sein, an dem die Mädchen in die Zukunft blicken und die Sonne am Horizont sehen können. Hoffen wir, dass Aisha ihre Menschenrechte schützen und die legalisierte Pädophilie bekämpfen kann.
Wir drücken ihr die Daumen.

Onur, ein Fotograf mit Seele, der sich gegen die Heirat eines Kindes wehrte

Onur Albayrak ist ein professioneller türkischer Fotograf, der auf Familienfeiern spezialisiert ist. Er wurde für eine Hochzeit angefragt. Er vereinbarte seine Dienste, den Preis und den Ort, an dem die Fotos gemacht werden sollten.

Die Hochzeit fand in Malatya, im Osten Anatoliens, statt. Dort angekommen stellte Onur fest, dass die Braut erst 15 Jahre alt war, zitternd und verängstigt.

Das junge Mädchen war nicht nur zur Heirat gezwungen worden, sondern sie hatte auch das nach geltendem Recht vorgeschriebene Mindestalter noch nicht erreicht.

Der Fotograf weigerte sich, seine Arbeit zu machen und teilte dies dem Bräutigam und den Gästen sehr deutlich mit. Es entstand Chaos. Der Bräutigam war wütend, die Verwandten protestierten bei Onur, der aber fest zu seiner Entscheidung stand, keine Fotos zu machen. Es brach ein Streit aus, aber Onur verließ das Haus.

Um nichts in der Welt wollte er zum Komplizen einer Unrechtshandlung werden:

Ich freue mich, dass ich zur Sensibilisierung der Allgemeinheit für dieses Problem beigetragen habe, erklärte Onur Albayrak der Daily News. *In den vergangenen zwei Tagen hat mein Telefon nicht aufgehört zu klingeln. Der Bräutigam kam etwa zwei Wochen vor der Hochzeit in mein Studio, aber er war allein. Ich sah die Braut zum ersten Mal bei der Hochzeit, sie war noch ein Kind, und ich spürte ihre Angst, sie zitterte. Ich beschloss, Stellung zu beziehen.*[21]

Die Haltung des Fotografen rückte das Problem der Kinderheirat in der Türkei wieder in den Mittelpunkt der Debatte und durch die sozialen Medien gelangte es in die Öffentlichkeit.
Albayrak ist zu einem echten Helden geworden, dem jetzt viele andere Fotografen folgen, die erklärten, dass sie jedes Mal, wenn sie sich mit einer erzwungenen Kinderheirat konfrontiert werden, genauso handeln wollen.

Dies ist ein Beispiel dafür, dass es möglich ist, mit einer einfachen Weigerung Meinungen zu bilden und Dinge zu ändern, trotz des Unmuts der religiösen Fundamentalisten, die das Land in die Vergangenheit führen und das türkische Recht mit Füßen treten, ebenso wie die Rechte der Kinder, ihre Kindheit zu leben.

Ein Radiosender, der der Kinderheirat ein Ende setzen will

In der Demokratischen Republik Kongo lebt die Bevölkerung in extremer Armut. Es herrscht eine Art Isolation vom Rest der Welt: kein Internetanschluss, kein Fernsehen, keine Zeitungen.
Die einzige Möglichkeit, sich zu informieren, ist das Radio, das viel gehört wird und deshalb

ein mächtiges Verbreitungsinstrument ist. Nicht nur zur Unterhaltung und zum Musikhören, sondern auch als Element der Kritik und des sozialen Bewusstseins.

Photo: Radio Ondese

Unter den verschiedenen Radiosendern, die zu *Girls Not Brides* gehören, sendet *Radio Ondese* in Süd-Kivu täglich 11 Stunden lang für über 30.000 Hörer mit vielen Programmen, die die negativen Auswirkungen der Kinderheirat auf die Gesellschaft erklären.

Die Geschichten und Interviews folgen aufeinander, wobei die Zuhörerinnen und Zuhörer einbezogen werden und Workshops und Hörgruppen organisiert werden. Diese tägliche Arbeit spiegelt das kulturelle

Wachstum der Bevölkerung wider und gewinnt neue Zuhörer, die sich für die in UKW ausgestrahlten Geschichten begeistern.

DIE IM RADIO ERZÄHLTEN GESCHICHTEN

Salama wurde gezwungen, den Vater ihres Sohnes zu heiraten

Ich wollte ihn nicht einmal heiraten, als ich schwanger war. Er hatte mich belogen, er hatte gar keinen Job.

Dies sind die Worte einer 15-Jährigen, die gezwungen wurde, zu heiraten und bei ihren Schwiegereltern zu leben, wo sich nach der Geburt ihres Kindes die Probleme in ihrem elenden Leben noch weiter verschlimmerten.
Ihr Alltag war ein Leben in Not. Das wenige Geld, das das Mädchen von der Familie erhielt, ging bald zur Neige.
Sie heißt Salama. Sie wurde schwanger, ohne es zu merken. Dann ging alles ganz schnell. Die Ehe, die verhassten Pflichten, darunter die, sich ihrem Mann sexuell hingeben zu müssen.

Ihre Schwiegermutter half ihr nicht, sie tolerierte sie nicht, war gnadenlos und schimpfte oft mir ihr.

Das Mädchen war traurig. An manchen Tagen aß sie nichts, sie weinte, ohne erklären zu können, warum. Sie wusste, dass es ihr nichts nützen würde, das Wort zu ergreifen, wenn die Regeln gegen das Leben der Mädchen verstoßen. Sie schwieg, weil sie keine Möglichkeit sah, aus ihrem Gefängnis herauszukommen.

Sie wurde krank, fühlte sich schwach und hatte Schmerzen, aber es gab keine Möglichkeit, einen Arzt aufzusuchen oder Medikamente zu kaufen. Erschöpft bat Salama ihre Mutter, sie nach Hause zurückkehren zu lassen, aber diese weigerte sich.

Viele Tage vergingen unter diesen schwierigen Bedingungen, bis die Aktivistinnen der Organisation *WEC – Women for Equal Chances (Frauen für Gleichberechtigung) –*, die mit *Girls Not Brides* assoziiert ist, in die örtliche Kirche gingen, um über Kinderheirat zu sprechen. Salama trat an sie heran, sie erzählte ihnen von ihrer Not und Verzweiflung. Sie bat sie, zu ihrer Mutter und ihrer ganzen Familie zu gehen und mit ihnen zu sprechen, um sie davon zu überzeugen, sie nach Hause zurückkehren zu lassen. Das taten die Aktivistinnen und ihre Mutter, die bereits über die Folgen der Kinderheirat im Radioprogramm gelernt hatte, hörte den Gesandten der Organisation zu und stimmte zu, ihre Tochter nach Hause zurückkehren zu lassen.

Die WEC-Organisation arbeitet mit der DRK zusammen, um das Bewusstsein für die Folgen der Kinderheirat zu schärfen und die Überzeugungen der Menschen zu ändern. Bildnachweis: WEC.

Nach dieser Veränderung zum Guten ist Salama wie neugeboren. Sie ist glücklich, anderen Mädchen helfen zu können und ihnen allen bewusst zu machen, dass es möglich ist, ein eigenes Leben zu führen, in dem man zur Schule geht und sein Leben selbst in die Hand nimmt. Sie erzählt ihre Geschichte in den Radioprogrammen des *WEC*, um die Hörer über die sozialen, menschlichen und finanziellen Schäden der Kinderheirat zu informieren.

Wie sie arbeiten viele andere Mädchen mit dem Radio zusammen, um ihre Geschichten zu erzählen und die Menschen einzuladen, sich am gemeinsamen Kampf gegen die Kinderheirat zu beteiligen.

Das Radio ist ein mächtiges Verbreitungsinstrument, denn Menschen aller Altersgruppen mit geringem Bildungstand können durch das Hören der Sendungen verstehen, welch ein Fehler es ist, kleine Mädchen zu zwingen, zu jung zu heiraten.

So wird nach und nach der Weg des kulturellen Wachstums und des Wandels zum Fortschritt der Landbevölkerung vollzogen.

Dank des Netzwerks *Population Media Centre (PMC)*, das Mitglied der Organisation *Girls Not Brides* ist, werden erfolgreiche Programme zur Emanzipation produziert und in ganz Afrika ausgestrahlt.

Umfragen zu den Auswirkungen des Radiohörens, die von *Girls Not Brides* veröffentlicht werden, zeigen folgende Ergebnisse:

In Nigeria sind die Hörer der PMC-Sendung „Ruwan Dare" doppelt so häufig der Meinung, dass eine Frau frühestens mit 19 Jahren heiraten sollte, als die Nicht-Hörer. Im Senegal sind die Hörer von „Ngelawu Nawet2 davon überzeugt, dass eine Frau vor der Heirat mindestens 18 Jahre alt sein sollte. In Niger hat „Gobe da Haske" die Radiohörer veranlasst, Mädchen zu unterstützen, frühestens im Alter von 20 Jahre zu heiraten.

Eine verlobte Kinderbraut im supermodernen Mailand, ihre Mutter erhob Einspruch

Die Reise war bereits organisiert. Die Tickets für die Reise von Italien nach Bangladesch waren gebucht. Das kleine Mädchen, das wir hier Amina nennen, um ihre Privatsphäre zu schützen, war zehn Jahre alt. Ihr Vater wollte sie mit einem 22-jährigen Verwandten verheiraten.
Fragte er nach der Meinung ihrer Mutter? Nein. Es war ihm auch egal, was das mit seinem Kind machen würde.

Die Geschichte wurde von der italienischen Zeitung *Il Giorno* berichtet.
Sie spielte sich in Mailand ab, wo die Familie lebte. Die kleine Amina war zu Hause isoliert. Sie durfte nicht zur Schule zu gehen und nichts anderes als den Koran lesen.
Als Amina 9 Jahr alt war, war ihr Vater fast ein Fremder für sie. Nach einer langen

Abwesenheit, die sich wie eine Ewigkeit anfühlte, kehrte er nach Bangladesch zurück, um sie mit ihrer Mutter Farah nach Italien zu bringen.

In Mailand lebten Mutter und Kind isoliert zu Hause. Alles war verboten: Schule, Freundschaften, Entertainment.
Es gab kein Recht auf Entwicklung und Lebenspläne. Das einzige Ziel des Vaters bestand darin, eine Ehe zwischen seiner Tochter und einem 22-jährigen Verwandten zu arrangieren, der in ihrem Land lebte. Aber dafür musste das Kind zurück nach Bangladesch. Und wie schwer war das schon? Er musste nur die Tickets kaufen und aufbrechen.
Aber Mutter Farah war nicht einverstanden. Sie wollte nicht, dass ihre Tochter so endete wie sie. Sie selbst war schon in sehr jungen Jahren zur Heirat mit einem Mann gezwungen worden, den sie nicht kannte und nicht liebte. Und sehen Sie nur, wie es ausgegangen war! Ein Leben in Isolation, ohne Rücksicht und Zuneigung. Im Prinzip lebten sie und ihre Tochter mit einem Fremden zusammen.

Farah, die sich selbst nicht weigern konnte, als sie zur Heirat gezwungen wurde, wollte nicht, dass ihrer Tochter das Gleiche widerfahren würde.

Sie stritt sich jeden Tag mit ihrem Ehemann. Sie machte ihm klar, dass sie das Kind nicht zur Heirat zwingen würde, dass sie nicht nach Bangladesch zurückzugehen würde, dass das kleine Mädchen das Recht habe, zur Schule zu gehen und eines Tages den Ehemann zu wählen, den sie selbst wollte, wenn sie denn überhaupt heiraten wollte.
Tägliche Auseinandersetzungen, Beschimpfungen und Beleidigungen waren die Folge. Der Mann ging so weit, seine Frau mit einem Messer zu bedrohen. Er war fest entschlossen, das Versprechen zu halten, dass er seinem Verwandten geben hatte, und ihm sein Kind zur Frau zu geben.

Farah erkannte die drohende Gefahr und tat das einzig Mögliche, um den Missbrauch zu verhindern: Sie zerriss ihre Pässe. Der Mann geriet in Rage, es gab immer mehr Geschrei und Schläge. Amina weinte, sie war verängstigt und verstört über die feindselige Atmosphäre in der Familie, die Misshandlungen, die ihre Mutter erlitt, und vor allem, weil sie den Verwandten hasste, der ihr ihre Kindheit wegnehmen wollte.

Ihr Vater, unbeirrbar in seinen Absichten, zeigte einen Diebstahl der Pässe an, um neue zu erhalten. Er hatte beschlossen, seine Tochter zu verheiraten, und daran würde sich nichts ändern!

Dann zeigte Farah ihn an. Für alles: den Missbrauch, die Absicht, ihr Kind zur Heirat zu bewegen, die Drohungen, die Isolation.

Polizei und Justiz leiteten ein Verfahren gegen ihren Ehemann, Vater und Familienoberhaupt, ein. Der Prozess mit vielen Anklagepunkten läuft derzeit. Der Mann leugnet zwar, aber die Zeugenaussagen und Beweise sind erdrückend.

Farah und Amina sind von einer Organisation gegen Gewalt aufgenommen worden und leben in einem sicheren Haus. Sie verfolgen ein Ausbildungsprogramm mit dem Ziel der Integration in das soziale und berufliche Leben für die Mutter und der Erziehung für die Tochter.

Endlich fühle sie sich ruhiger und glücklicher, möglicherweise sind sie der Hölle entkommen.

Noura, zum Tode verurteilt

Überglücklich haben wir die Nachricht erhalten, dass Noura Hussein in Sicherheit ist. Dieser Frau drohte die Todesstrafe durch Erhängen, aber über eine Million Menschen auf der ganzen Welt unterzeichneten die Petition, um ihre Freilassung zu erreichen.

Der Appell der Organisation *Italians for Darfur* (Italiener für Darfur) und die Verbreitung des Falles in der Presse weckten internationales Interesse. Der Druck nahm zu, es gab Veröffentlichungen im Netz, viele berühmte Menschen gaben Stellungnahmen ab, bis das Berufungsgericht von Omdurman im Sudan ihr Todesurteil in fünf Jahre Gefängnis zuzüglich einer Strafe von 12 000 Dollar umwandelte.

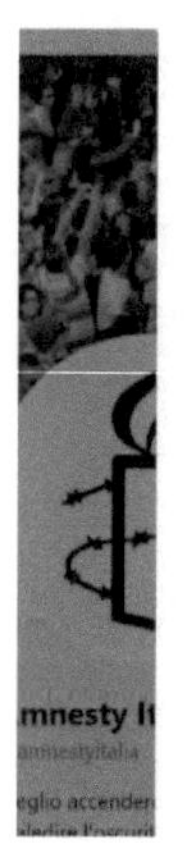

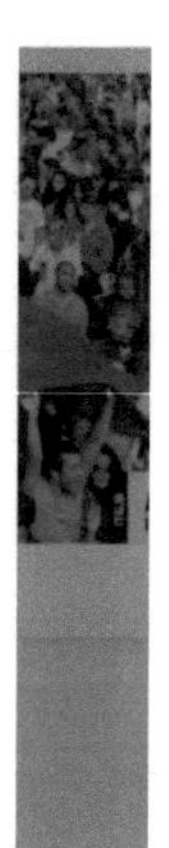

Die Geschichte von Noura ist die einer Kinderbraut von 16 Jahren, die es nicht ertragen konnte, einen widerwärtigen und anmaßenden Mann neben sich zu haben. Sie weigerte sich, Sex mit ihm zu haben, aber ihre Schmerzensschreie hielten den Mann, der sich als Eigentümer ihres Körpers betrachtete, nicht davon ab. Bis ihr Ekel und ihre Verzweiflung Noura überwältigten und sie ihren Mann bei einem weiteren Versuch, sie zu vergewaltigen, tötete.

Das sudanesische Recht erlaubt die Eheschließung ab dem Alter von zehn Jahren, und gewährt dem Mann das Recht, seine Frau zu missbrauchen. Deshalb wurde Noura Hussein zum Tod durch Erhängen verurteilt.

Für das Mädchen, das seit Mai 2017 im Gefängnis saß, wurde sofort eine weltweite Kampagne *#JusticeForNoura* (Gerechtigkeit für Noura) gestartet.
Neben den *Italienern für Darfur* sind auch *Amnesty International* und drei Organisationen der *Vereinten Nationen* in ihrem Namen aktiv und schrieben an den sudanesischen Präsidenten Omar al Bashir, um ihn um Begnadigung zu bitten.

Nachdem das Todesurteil dadurch zunächst ausgesetzt wurde, arbeiten die Anwälte des Mädchens weiter daran, Noura für unschuldig erklären zu lassen.

MALALA YOUSAFZAI
ERHÄLT DEN SACHAROW-PREIS

Bei der Tragödie der Kinderheirat geht es nicht nur um menschliches Leid, sondern auch um die Auswirkungen auf die Weltwirtschaft

Das Drama der kleinen Mädchen, denen ihre Kindheit gestohlen wird und deren empfindliche Seelen verstört werden, scheint ganze Bevölkerungsteile der Dritten Welt gleichgültig zu lassen, die fast schon an diese Barbarei gewöhnt sind. Ebenso scheint es die politische Welt gleichgültig zu lassen, die nur sehr langsam handelt und Maßnahmen ergreift, um Kinderheirat zu verhindern.

Es gibt ungefähr 700 Millionen Kinder in der Welt, die in Regionen wie der Subsahara-Afrika, Südasien und Indien zur Ehe gezwungen wurden. Zu den Ländern mit dem höchsten Durchschnitt an Kinderbräuten gehören der Tschad, Mali, Guinea und Burkina Faso. Aber anscheinend gibt es kein Land, das davon nicht betroffen wäre. Sowohl im zivilisierten Europa als auch im großen und modernen Amerika werden Kinder gezwungen zu heiraten. In Italien wie in England, in Rumänien wie in

Belgien. Es gibt viele „junge Bräute", die in ihre Herkunftsländer zurückkehren, in den Urlaub geschickt wurden und gezwungen werden, dort einen Mann zu heiraten, der sehr alt ist, mindestens doppelt so alt wie sie, und um dem Ganzen die Krone aufzusetzen, kann der frisch verheiratete Ehemann sogar eine Aufenthaltsgenehmigung in dem Land beantragen, in dem das missbrauchte kleine Mädchen lebt.

Die Tatsache, dass Kinderheirat nicht nur verwerflich ist, sondern auch schwere wirtschaftliche Verluste verursacht, scheint in der Politik wenig beachtet zu werden.
Eine von der *Weltbank* und dem *International Research Centre on Child Brides* (Internationales Forschungszentrum über Kinderbräute) beauftragte Studie zeigt, dass der Schaden, der diesen jungen Menschen zugefügt wird, deutlich mehr Kosten verursacht, als gezielte Investitionen kosten würden, die diesen Missbrauch stoppen könnten.

Nach Angaben von *UNICEF* wurden 700 Millionen Minderjährige zur Heirat gezwungen, infolgedessen wurde ihre Entwicklung unterbrochen, sowohl körperlich als auch geistig.

Wenn man dazu noch fehlende Bildung, das Abbrechen der Schule, frühe Schwangerschaften, die Kosten des Gesundheitswesens zur Behandlung bei Frühgeburten und Krankheiten der Neugeborenen hinzufügt, wird deutlich, wie hoch die Schäden für die Gesellschaft und die Kosten zur Bewältigung der Folgen tatsächlich sind.

Zu den nachweislich gefährlichen Folgen der Kinderheirat gehören eine Zunahme der Armut und eine hohe prä- und postpartale Sterblichkeit von Mutter und Kind.

Gemäß dieser Studie müssten in den kommenden Jahrzehnten Milliarden von Dollar in den Entwicklungsländern ausgegeben werden, um die negativen Auswirkungen im Gesundheitswesen, im kulturellen und produktiven Sektor abzufedern, wenn die Regierungen der Kinderheirat kein Ende bereiten. Folglich werden globale Projekte zur Beseitigung der Armut behindert.

Man kann es einfach ausrechnen: Mädchen, die schon in sehr frühem Alter Kinder bekommen, erhöhen die durchschnittliche Pro-Kopf-Zahl der Kinder sowie die Anzahl der armen Familien mit wenig Essen und zu geringer Ausbildung, um eine ausreichend einträgliche Arbeit zu bekommen.

Um diesem Trend Einhalt zu gebieten, ist es wichtig, den Schulbesuch sicherzustellen, die Schulbildung zu verbessern und die Möglichkeiten zu erweitern, als direkte Folge des Studiums und Lernens eine gut bezahlte Arbeit zu finden.

Die Studie des *International Research Centre on Child Brides* zeigt, dass ein wirtschaftlicher Nutzen von 90 Milliarden Euro erzielt werden kann, wenn das Problem der Kinderheirat bis zum Jahr 2030 Kinderheirat beendet werden kann. Dies resultiert aufgrund der bereits beschriebenen Gründen aus der Verringerung von Krankheiten, der Senkung der Sterblichkeitsrate und des Wirtschaftswachstums, das auf jede Investition in Kultur und Bildung folgt.

Kinderbräute und das Glück, zur Schule zu gehen

Die Menschen, die ein bequemes Leben führen, mit ausreichend Nahrung, Bildung, Unterhaltung und verschiedenen kulturellen Möglichkeiten, können sich nicht vorstellen, dass für viele kleine Mädchen in Entwicklungsländern die Möglichkeit, zur

Schule zu gehen, ein Grund für ein unermessliches Glücksgefühl ist: eine Errungenschaft, die die Tür zu einer besseren Zukunft öffnet.

Nach Angaben der *UNESCO* haben 57 Millionen Kinder keinen Zugang zur Grundschule und mehr als die Hälfte von ihnen, 30 Millionen, sind Mädchen. Zudem haben gut 65 Millionen Mädchen keinen Zugang zu irgendeiner Art von Studium, sodass viele junge Mädchen Männern, die oft doppelt, wenn nicht gar dreimal so alt sind wie sie, als Braut angeboten werden.

In den Entwicklungsländern leben laut *Onlus Plan* Mädchen, die nicht studieren dürfen, größtenteils in ländlichen Gebieten, sind meist arm und werden von klein auf diskriminiert.
Sie werden nur für die Hausarbeit als nützlich angesehen. Sie führen ein Einzelgänger-Dasein und können weder die Schule noch andere gesellschaftliche Zusammenkünfte besuchen. Die Familien haben Angst, dass ein Mädchen vor der Heirat den Wert seiner Jungfräulichkeit durch Missbrauch verlieren könnte, selbst wenn es nur das Haus verlässt, um zur Schule zu gehen oder einen Beruf zu erlernen.
Um einen mutmaßlichen möglichen Missbrauch zu vermeiden, begehen sie mit einer frühen Heirat den grausamsten aller Fehler. Die

Rechte der Mädchen werden mit Füßen getreten, ihre Kindheit wird ihnen entrissen, während sie an der Hand zu der Gewalt geführt werden, die sie von ihrem sogenannten Ehemann erleiden müssen.

Eine Kinderbraut kann sich nicht gegen ihr grausames Schicksal verteidigen. Sie ist wehrlos allen Risiken ausgeliefert wie der Ansteckung mit sexuellen Krankheiten (einschließlich AIDS), Risikoschwangerschaften, Fehlgeburten, Nachwehen und Tod.
Nach dem von der Organisation *Plan* veröffentlichten Bericht *Because I am a Girl* (Weil ich ein Mädchen bin) aus dem Jahr 2012 wird es bis zum Jahr 2030 150 Millionen zusätzliche Kinderbräute geben, wenn nichts dagegen unternommen wird.

DIE MAI-PIÙ-SPOSE-BAMBINE-PETITION (KEINE KINDERBRÄUTE MEHR)

#*Maipiùsposebambine*

Im September 2013 starteten wir mit *Onerpo* über das Portal „avaaz.org" eine Online-Petition, die sich an die Regierungen von Niger, Tschad, Mali, Nepal, Indien, Bangladesch, Mosambik, Nicaragua, Äthiopien, Jemen und an jedes andere Land richtet, in dem die schwere Verletzung der Rechte kleiner Mädchen toleriert wird.

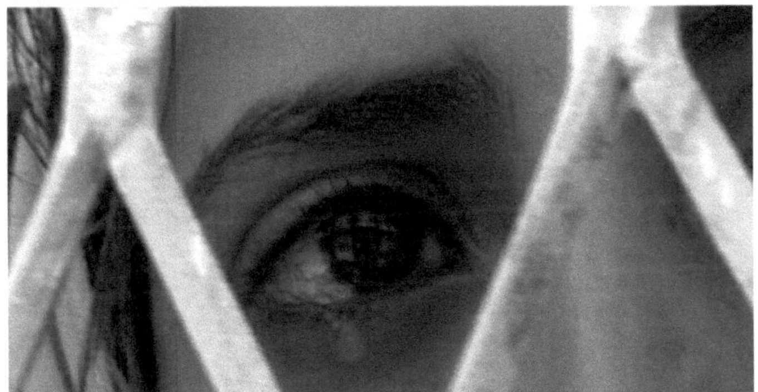

Der Petitionstext zum Unterschreiben

Kinderbräute, die als Objekte mit einem Hochzeitsritual oder Zweck des Austauschs von Gütern und/oder Geld an Personen im Erwachsenenalter verkauft werden, erleiden realen Missbrauch, ein Tatbestand, der der Pädophilie Vorschub leistet. All dies verstößt gegen die Internationale Konvention über die Rechte des Kindes, weil die Konvention gegen Folter und jede andere Form grausamer, unmenschlicher oder erniedrigender Behandlung oder Bestrafung von Kindern Stellung bezieht. Die Konvention verbietet es, die Gesundheit von Minderjährigen zu schädigen, und legt in Artikel 3 fest, dass bei jeder Entscheidung, jeder gesetzgeberischen Handlung, jeder gesetzlichen Maßnahme, jeder öffentlichen oder privaten Initiative das übergeordnete Interesse des Kindes im Vordergrund stehen muss. Diese Konvention wurde am 26. Januar 1990 in New York von 61 Ländern unterzeichnet und basiert auf einer Reihe von Menschenrechtsdokumenten, darunter

• Die Charta der Vereinten Nationen von 1945
• Die Allgemeine Erklärung der Menschenrechte von 1948

• Die Genfer Konvention von 1924

Nach Angaben der Vereinten Nationen werden in den nächsten zehn Jahren jeden Tag 25.000 Mädchen auf der Welt gezwungen sein zu heiraten. 100 Millionen Mädchen werden heiraten, bevor sie 18 Jahre alt sind.
Die psychologischen Auswirkungen sind verheerend für kleine Mädchen, die aus der Kindheit gerissen und in die Ehe gezwungen werden. Die körperlichen Schäden sind gravierend: durch Verletzungen, Geburten oder frühe Schwangerschaften. Vor allem in Afrika werden viele kleine Mädchen, von ihren erwachsenen, alten oder sogar vergreisten Ehemännern mit AIDS infiziert.[22]

Die Unterschriften und das Engagement in sozialen Medien *(15. September 2013)*

Die Veröffentlichung der Website *#maipiùsposebambine* und einer entsprechenden Facebook-Seite durch die Beobachtungsstelle für die Wahrung der Chancengleichheit (*Onerpo*) stieß in der italienischen Öffentlichkeit auf großes Interesse.
Auf globaler Ebene wurde *Onerpo* Teil der Organisation *Girls Not Brides*, um an Aktionen

zur Bekämpfung von Kinder- und Zwangsheirat teilzunehmen, zusammen mit weiteren 400 Organisationen in der ganzen Welt, die im Laufe der Jahre auf über 1.000 angewachsen sind.

Amnesty International wiederum startete eine Kampagne zur Bekämpfung dieses abscheulichen *Phänomens*, der sie den gleichen Slogan *#maipiùsposebambine* gab, der über das Internet und die italienische Zeitung *Corriere della Sera* verbreitet wurde.

Unsere Facebook-Seite „Mai più spose bambine" stieß zunächst nur auf mäßiges Interesse und es schien, dass das Thema Kinderbräute als etwas angesehen wurde, das man mit Distanz betrachten sollte, weil es Länder betraf, die weit von Italien und Europa entfernt waren. Als dann aber immer mehr Interviews und Geschichten, die von den Mädchen selbst erzählt wurden, veröffentlicht wurden, nahm die Aufmerksamkeit für das Problem zu, und zusammen mit den Anfragen nach Informationen vervielfachten sich auch die Unterzeichnungen der Petition. Infolgedessen wurden neue Blogs und Websites mit Bildern, Videos, der Förderung von Konferenzen an verschiedenen institutionellen Orten und der Beteiligung von Parlamentsfraktionen eingerichtet.

KINDER- UND ZWANGSHEIRATEN IN EUROPA, WIE IST DIE DERZEITIGE SITUATION

(Amnesty-International-Konferenz, Rom, 4. März 2016)

Eine Verletzung der Menschenrechte

Es gibt in Europa nur wenige Schätzungen zur Zwangsheirat, und diese sind oft widersprüchlich. Im Jahr 2011 intervenierte in Großbritannien die *Forced Marriage Unit* (Abteilung für Zwangsheirat) der Regierung in 1.500 Fällen, bei denen Heiraten ohne die Einwilligung beider Ehepartner vollzogen wurden, 56 davon betrafen Menschen mit psychischen Behinderungen.

Einigen Schätzungen zufolge werden jedes Jahr 8.000 Teenager mit britischen Pässen gegen ihren Willen gezwungen, zu heiraten: 30 % davon sind noch Kinder und 15 % sind weniger als 15 Jahre alt.

Um hier Abhilfe zu schaffen, diskutiert Großbritannien seit einiger Zeit die Einführung eines strengen Gesetzes, das Zwangsheirat zu einem Straftatbestand mit einer Gefängnisstrafe für die Eltern machen soll.

Norwegen war das erste europäische Land, das die Zwangsheirat durch eine spezielle

Straftatbestimmung im Jahr 2003 verboten hat (*Jede Person, die durch Gewalt, Freiheitsentzug, unzulässigen Druck oder ein anderes rechtswidriges Verhalten oder durch Androhung eines solchen Verhaltens jemanden zwingt, eine Ehe einzugehen, macht sich des Straftatbestandes einer Zwangsheirat schuldig*), diese wurde 2007 durch zivil- und verwaltungsrechtliche Bestimmungen ergänzt.

In der Schweiz scheint das Phänomen der Zwangsheirat auf dem Vormarsch zu sein. Eine Studie der Universität Neuchâtel im Auftrag des *Bundesamtes für Migration (BFM)* zeigt, dass von 2010 bis 2012 rund 350 Frauen gezwungen wurden zu heiraten und 390 auf eine frei gewählte Beziehung verzichten mussten. Weitere 660 Frauen konnten kein Scheidungsverfahren einleiten. Dabei handelt es sich um Frauen im Alter zwischen 18 und 24 Jahren aus den Balkanländern, der Türkei und Sri Lanka.
In der Schweiz wird derzeit ein Gesetz über die unter Anwendung von Gewalt eingegangenen Ehen verabschiedet, um von Amts wegen strafrechtlich vorgehen zu können: Jeder Täter kann zu bis zu fünf Jahren Gefängnis verurteilt werden.

Es scheint jedoch so zu sein, dass das Problem je nach Region oder Land der Europäischen Union unterschiedlich ist. Laut der Umfrage, die 2012 unter den Interessenvertretern der Europäischen Kommission im Bereich Inneres durchgeführt wurde, gaben einige europäische Länder (Tschechien, Lettland, Litauen, Polen, Rumänien, Slowakei) an, sich mit Fragen im Zusammenhang mit dem Problem der Zwangsheirat befasst zu haben, während viele andere (Österreich, Belgien, Bulgarien, Estland, Finnland, Italien, Luxemburg, Portugal, Frankreich, Rumänien) erklärten, dass sie keine Informationen darüber zur Verfügung hätten.

Keiner der EU-Mitgliedstaaten hat eine quantitative Analyse von Kinder- und Zwangsheirat durchgeführt. Nur einige Nichtregierungsorganisationen wie das *Rote Kreuz* und *Terres des Femmes* haben Daten vorgelegt, doch das sind nur Anhaltspunkte, die kein angemessenes Bild des Problems liefern.
In Ermangelung offizieller Statistiken kann auf den von *UNICEF* erstellten Weltlagebericht 2013 verwiesen werden, in dem die geografischen Gebiete und Staaten aufgeführt sind, in denen Kinderheirat praktiziert wird.

In Italien nimmt die Zwangsheirat mit der zunehmenden Einwanderung von Familien von dem indischen Subkontinent und aus einigen arabischen Ländern zu.

Bis heute gibt es keine offizielle Datenerhebung. In jüngster Vergangenheit wurde festgestellt, dass Zwangsheirat in bestimmten Kulturkreisen dann zu einer tolerierten Praxis wird, wenn die Familien auswandern und versuchen, ihre eigenen Wurzeln auf dem Boden des Gastlandes zu reproduzieren. Dann wandelt sich das Phänomen von der arrangierten Ehe zur „arrangierten Zwangsheirat", mit Zwangsmaßnahmen, Drohungen und mit sowohl physischer als auch psychischer Gewalt: Verschleppung, Entfremdung der „ungehorsamen" Person, Überwachung und Einschränkung der Bewegungsfreiheit.

Im Dezember 2013 beauftragte das Amt für Chancengleichheit den italienischen Verein *Le Onde Onlus* mit der Durchführung einer Umfrage über das Thema der Kinderheirat, um Opfer und potenzielle Opfer zu identifizieren. Die Aufgabe erwies sich jedoch als komplex und schwierig, da sich die Beteiligten zum Schutz ihrer eigenen Privatsphäre weigerten zu kooperieren. Außerdem war es schwierig, Mitglieder der Familie oder der Gemeinschaft zu melden, da es keinen Nachweis über das wahre Alter der untersuchten Personen gab.

Die Kartierung der *UNICEF* zeigt, dass unter den Bevölkerungsgruppen in Italien die südostasiatischen Länder (Bangladesch, Pakistan, Indien und Sri Lanka) am stärksten von Zwangsheirat betroffen sind, die jedoch durch eine geringe Präsenz von Frauen gekennzeichnet sind. Einige afrikanische Länder (Senegal, Ghana, Nigeria und Ägypten) sind ebenfalls durch einen geringen Frauenanteil gekennzeichnet. Das weibliche oder männliche Geschlecht der Einwanderer wird auf regionaler Ebene differenziert, und die „risikoreichsten" Bevölkerungsgruppen konzentrieren sich auf einige spezifische Regionen oder Gebiete. Die bevölkerungsreichsten Gruppen in Italien stammen aus Marokko und Albanien, wobei hier schon Frauen in der zweiten Generation vertreten sind.

Mehr als die Hälfte der marokkanischen Staatsangehörigen lebt in der Lombardei, der Emilia Romagna und im Piemont. In der Lombardei, der Toskana und der Emilia Romagna sind fast die Hälfte der eingewanderten Bürger Albaner, während in Sizilien die meisten aus Nordafrika stammen.

Besondere Aufmerksamkeit sollte den Roma, Sinti und Camminanti gewidmet werden; der Verweis auf eine von der *Fondazione Basso* durchgeführte qualitative Umfrage weist auf die

Tradition hin, Ehen als eine Gemeinschafts- und Familienstrategie zu arrangieren.

Die berüchtigten Fälle von Hina und Kawor

Im Jahr 2006 wurde das pakistanische Mädchen Hina, das in der der italienischen Provinz Breschia lebte, von ihrem Vater getötet, weil sie sich in einen Italiener verliebt hatte. Daraufhin nahm die öffentliche Wahrnehmung in Italien in Bezug auf die Zwangsheirat von zugewanderten Mädchen deutlich zu. Kawor, ein junges indisches Mädchen, das mehrere Jahre in der Nähe von Modena lebte, aber verwitwet war, wurde gezwungen den Bruder ihres Mannes zu heiraten. Als er zu ihr nach Italien wollte, beging sie Selbstmord, indem sie sich vor einen Zug warf.

Unter den europäischen Resolutionen weist der Text der Resolution der Parlamentarischen Versammlung des Europarates nachdrücklich darauf hin, dass alle Mitgliedstaaten die Konvention der Vereinten Nationen über die Rechte des Kindes von 1989 ratifiziert haben und dass der sexuelle Missbrauch von Kindern eine schwere Verletzung dieser Rechte darstellt. Er stellt ferner klar, dass nach der Richtlinie 2011/92/EU jeder Mensch, der mit einem Kind sexuelle Handlungen begeht, das das Alter der sexuellen Mündigkeit noch nicht erreicht hat, mit einer Freiheitsstrafe von mindestens fünf Jahren bestraft wird. Auch Anstiftung und Beihilfe sind strafbar, ebenso wie der Missbrauch einer anerkannten Vertrauens- oder Autoritätsposition.

Mehr über die Gesetze in Italien

Nach italienischem Recht ist eine fehlende Zustimmung zur Ehe ein Grund für deren Annullierung. Das Bürgerliche Gesetzbuch Italiens sieht vor, dass eine Ehe nur von Personen geschlossen werden kann, die die Voraussetzungen in Bezug auf das Alter und die Fähigkeit zum Verstehen und Erkennen erfüllen und die frei von den Zwängen früherer Ehen sind.

Auf internationaler Ebene führte Italien den Co-Vorsitz bei den Verhandlungen zur Festlegung des Textes einer UN-Resolution mit Sierra Leone, in der bekräftigt wird, dass Kinder- und Zwangsehen eine Verletzung der Menschenrechte, insbesondere der von Frauen und Mädchen darstellen. Die Resolution betont, wie wichtig es ist, die gesamte Gesellschaft einzubeziehen, und fordert die im humanitären

Bereich tätigen Akteure auf, die Überwachungs- und Präventionsmaßnahmen zur Bekämpfung des Missbrauchs von Kinder- und Zwangsehen zu verstärken.

Die aktive Rolle, die Italien bei der Bekämpfung von Kinder- und Zwangsehen sowie der Genitalverstümmelung von Frauen spielt, ist ein weiterer Beweis dafür, dass das Ministerium für auswärtige Angelegenheiten und internationale Zusammenarbeit den Rechten von Kindern, insbesondere von Mädchen, Priorität einräumt. Italien ist seit 2013 Mitglied der internationalen Gruppe von Ländern, die sich mit diesen Fragen befassen. Am 16. Juli 2015 hat das italienische Parlament den von Pia Locatelli erstmals unterzeichneten Antrag über „Initiativen auf internationaler Ebene im Zusammenhang mit dem Phänomen der Früh- und Zwangsheirat von Kindern" angenommen.
Zuvor hatte Italien am 27. Juni 2013 das Übereinkommen von Istanbul ratifiziert (Gesetz Nr. 77). Darüber hinaus wird Zwangsheirat in Absatz 18 des Ministerialerlasses über die „Wertecharta der Staatsbürgerschaft und Integration" (2007) und in einigen regionalen Gesetzen beschrieben, insbesondere in den neuesten Gesetzen der Region Molise über geschlechtsspezifische Gewalt (R.L. Nr. 15/2013,

Artikel 1, und R. L. Nr. 11/2012 der Lombardei, Artikel 1).

Die Menschenrechtsverletzung von Frauen und Mädchen

Bei einer Ehe, die außerhalb Italiens geschlossen wurde, können die italienischen Behörden nicht überprüfen, ob die Zustimmung beider Ehegatten vorliegt. Diese Zustimmung ist jedoch erforderlich, wenn die Ehe in Italien geschlossen wird. Dies hat zur Folge, dass die Familien der in Italien lebenden jungen Frauen die Mädchen in ihre Herkunftsländer zurückbringen, um die Ehe bei der Rückkehr ihrer Tochter nach Italien anerkennen zu lassen. Da dies nicht überprüft werden kann, ist es schwierig, Zwangsehen zu identifizieren und die Frauen, die ihnen ausgesetzt waren, zu schützen.
Eines der Hindernisse ist, dass viele Kinderehen nicht offiziell sind und von keinem der regulären statistischen Systeme registriert oder erfasst werden. Es gibt nur sehr wenige nationale Daten über Eheschließungen mit Mädchen und Jungen unter 14 Jahren, noch weniger über Eheschließungen unter 10 Jahren.

Die Ungleichheit der Geschlechter erzeugt Gewalt

Das Problem der Zwangs- und Kinderheirat spiegelt die Gewalt gegen Frauen wider, die an Brutalität zunimmt, wenn sie Mädchen betrifft, denen die Kindheit, Träume und Zukunft genommen werden.
Der Hauptfaktor für diesen Missbrauch ist die Ungleichheit der Geschlechter, die Frauen im Vergleich zu Männern als minderwertig betrachtet. Aus dieser Ungleichheit entstammen zahlreiche Formen patriarchalischer Bestimmung über die Sexualität und das reproduktive Leben von Frauen, auf die auch Heiratsgepflogenheiten zurückzuführen sind, die ihre Freiheit verletzen.

Bestimmte Formen der Unterwerfungspflicht bei arrangierten Ehen und der fehlenden Selbstbestimmung der Frauen über ihre Sexualität wurden in Italien so lange praktiziert, bis das Bewusstsein der Rechte der Frauen durch die Frauen selbst einen kulturellen und rechtlichen Wandel herbeiführte.

Der Fall von Franca Viola in Italien

Der Fall der 17-jährigen Franca Viola aus Alcamo, die sich 1965 weigerte, ihren Entführer Filippo Melodia, Mitglied einer Mafiafamilie, zu heiraten, erregte damals großes Aufsehen.
Zu dieser Zeit gab es noch den Artikel 544 des italienischen Strafgesetzbuches, der den Straftatbestand der Vergewaltigung aufhob – zum Nachteil vor allem Minderjähriger –, wenn im Anschluss eine sogenannte „Reparatur-Hochzeit" stattfand. Franca Viola weigerte sich aber zu heiraten und ihr Entführer wurde verhaftet und zu 11 Jahren Gefängnis verurteilt. Das Mädchen wurde für viele Frauen auf Sizilien und in ganz Italien zum Symbol der Freiheit.

Die Vergewaltigung, die bis dahin nur als Verbrechen gegen die Moral galt, wurde einige Jahre später zu einem Verbrechen „gegen die Person", als das italienische Parlament am 15. Februar 1996 das Gesetz Nr. 66 verabschiedete, mit der Erstunterzeichnung durch Tina Lagostena Bassi, Abgeordnete und Vorsitzende der Nationalen Kommission für die Gleichstellung und Chancengleichheit von Männern und Frauen, im Rahmen des Ministerratsvorsitzes.

Multikulturalität, Rechte und Kulturmangel

Die Toleranz und die Interkulturalität schließen die Rechte der Menschen ein, nicht aus. Es gibt keine Entschuldigung, weder historisch noch anthropologisch oder religiös, um sexuellen Missbrauch gegen Mädchen als „kulturbedingt" zu rechtfertigen. Die Kultur der aufgenommenen Bevölkerung wird oft als Vorwand benutzt, um die eigene Unfähigkeit zu verbergen, gegen gewalttätige Handlungen vorzugehen. Aber ein Verbrechen kann nicht als kultureller Faktor gerechtfertigt werden, so wie es einem Kannibalen nicht erlaubt werden kann, seine eigene Spezies zu essen.

Vielmehr sollte Kultur im positiven Sinne des Wortes betrachtet werden, das „einen Wissenskörper bezeichnet, der die Persönlichkeit oder die Gesamtheit des literarischen, wissenschaftlichen, künstlerischen Wissens und der sozialen Institutionen und Politik eines ganzen Volkes formt und verfeinert".

Im Umkehrschluss bedeutet das, egal wie einschränkend, diskriminierend oder hart unsere Maßnahmen erscheinen mögen: Wenn

Freiheiten und individuelle Rechte beeinträchtigt werden, müssen wir die richtige Diktion verwenden und klar sagen, dass es nicht um Kultur geht, sondern um einen „Mangel an Kultur", um Rückschritte in Richtung Barbarei, Gewalt und Kriminalität.

Kultur ist die Verbreitung positiver Konzepte, und für die Verbesserung der Menschheit kann sie der Hebel sein, um das Problem der Kinderheirat zu bekämpfen, zu unterbinden und für immer abzuschaffen.[23]

Tabelle A: UNICEF Die 20 Länder mit dem höchsten Anteil an Kinderheiraten in der Welt (%)

Tabella A: UNICEF 20 Paesi con la più alta prevalenza di Matrimoni precoci nel mondo (%)
Popolazioni in Italia

Paese	Residenti in Italia		Matrimonio prima dei 15 anni	Matrimonio prima dei 18 anni
	M	F		
Niger	32.675	33.956	16%	75%
Centrafricana Rep	79	59	29%	68%
Ciad	568	120	29%	68%
Bangladesh	80.106	33.705	32%	66%
Guinea	3.106	1.581	20%	63%
Mozambico	164	237	21%	56%
Mali	3.697	539	15%	55%
Sud Sudan	6	1	9%	52%
Burkina Faso	10.287	5.375	10%	52%
Malawi	32	32	12%	50%
Madagascar	412	989	14%	48%
India	93.872	56.590	18%	47%
Eritrea	5.830	5.663	20%	47%
Somalia	5.591	3.077	8%	45%
Sierra Leone	811	578	44%	18%
Zambia	140	134	9%	42%
Etiopia	3.535	5.885	16%	41%
Nicaragua	192	448	10%	41%
Nepal	775	448	10%	41%
Domenicana rep	10.219	18.908	12%	41%

Tabelle B: Nicht-EU-Einwohner in Italien am 01.01.2013 mit dem Anteil an Kinderheiraten (nach UNICEF)

Tabella B: cittadini non-EU residenti in Italia al 01/01/2013 e % UNICEF Matrimoni Precoci[9]

Paese	M	F	TOT	Matrimonio prima dei 18 anni	Matrimonio prima dei 15 anni
Marocco	288.242	225.132	513.374	16%	3%
Albania	261.632	236.129	497.761	10%	1%
Cina Rep. Popolare	155.800	148.968	304.768		
Ucraina	45.325	179.263	224.588	10%	1%
Filippine	66.838	91.470	158.308	14%	2%
India	93.872	56.590	150.462	18%	47%
Moldova	49.333	99.898	149.231		
Egitto	87.592	35.937	123.529	17%	2%
Tunisia	77.525	43.958	121.483		
Bangladesh	80.106	33.705	113.811	32%	66%
Peru'	43.578	65.796	109.374	19%	35%
Serbia/Kosovo/ Montenegro	57.401	49.097	106.498		
Sri Lanka	54.984	43.695	98.679	12%	2%
Pakistan	65.595	32.326	97.921	24%	7%
Senegal	68.401	23.970	92.371	33%	12%
Ecuador	37.162	53.138	90.300	22%	4%
Macedonia ex Rep. Jugoslava	46.077	37.371	83.448	7%	1%
Nigeria	32.675	33.956	66.631	16%	75%
Ghana	33.452	22.569	56.021	21%	5%
Brasile	12.321	34.643	46.964	36%	11%

QUELLEN – LITERATUR

- *Council of Europe and the role of National Human Rights Institutions, Equality bodies and Ombudsman offices in promoting equality and social inclusion;*
- *To the Human Rights Council, within its Universal Periodic Review, for consideration at the 20th session;*
- *RAPVITE ricerca azione partecipata sulle vittime della tratta di esseri umani, dei crimini d'onore e dei matrimoni forzati in seno alle comunità immigrate africane e dell'Europa dell'Est;*
- *ERRC (European Roma Rights Centre), Idea Rom, Opera Nomadi, Parallel submission to the Committee on the Elimination of all forms of Discrimination Against Women on Italy under Article 18 of the Convention;*
- *Trajectoires et origines, Enquête sur la diversité des populations en Francesous la direction de Cris Beauchemin, Christelle Hamel et Patrick Simon;*
- *Girls Not Brides, Global partnership of more than 1000 civil society organisations committed to ending child marriage;*
- *The Elders, international non-governmental organisation of public figures noted as elder statesmen, peace activists, and human rights advocates, who were brought together by Nelson Mandela in 2007;*
- *Women for Afghan Women (WAW) Humanitarian organization for the rights of Afghan girls;*
- *ONERPO – National and European monitoring centre for the safeguarding of equal opportunities;*
- *European Convention on Human Rights (ECHR) 1950;*
- *[Italienisches] Gesetz Nr. 66 vom 15. Februar 1996, Gesetz gegen sexuelle Gewalt;*
- *Charter of Fundamental Rights of the European Union (CFR) of 2000;*
- *Decree of the Ministry of the Interior, 23 April 2007, "Charter of Values of Citizenship and Integration";*
- *Shadow report, prepared by the Italian platform "Work in progress: 30 years of CEDAW, Convention on the Elimination of All Forms of Discrimination against Women", June 2011;*

- *Bill proposed by Giulia Bongiorno on forced marriage, 21 Nov. 2012;*
- *Istanbul Convention: Law no. 77 of 27 June 2013 (in the [Italian] Off. Gazette 1st July 2013, no. 152) "Ratification and implementation of the Council of Europe Convention on preventing and combating violence against women and domestic violence, opened on 11 May 2011 in Istanbul;*
- *Annual Report 2013 of the United Nations Population Fund (UNFPA);*
- *UNFPA Research. Early marriages and pregnancies, Italian translation by Aidos, Year 2013;*
- *Alberto Sofia, La vergogna del caso Sahar Gul, [The shame of the Sahar Gul case], Giornalettismo, 12.07.2013;*
- *MATRIFOR Report, MATRIFOR Analytical report, Le Onde Onlus, April 2014;*
- *Programme of the Italian Presidency of the European Union, July-December 2014;*
- *To the Human Rights Council, within its Universal Periodic Review, for consideration at the 20th session (27 October to 7 November 2014);*
- *Motion for a European Parliament resolution on the phenomenon of child brides 29.6.2015;*
- *UN: Human Rights Council: First Resolution to Prevent Child, Early and Forced Marriage; 2 July 2015;*
- *Mozioni concernenti iniziative in ambito internazionale in relazione al fenomeno dei matrimoni precoci e forzati di minori [Motions concerning international initiatives in relation to the phenomenon of child, early and forced marriage], of 16 July 2015, signatory Pia Locatelli;*
- *"Mai più spose bambine" Petition, #maipiùsposebambine, Wanda Montanelli, Avaaz.org, 15 September 2013;*
- *Girls Not Brides international report, It takes a movement: reflecting on five years of progress towards ending child marriage". (Year of Publication: 2016);*
- *"I am Nojoud, age 10 and divorced" by Nojoud Ali and Delphine Minoui published on the 22 January 2009 by Michel Lafon, 1 March 2010;*

- *Le spose-bambine derubate del futuro [Child-brides deprived of their future] – Dossier by Save The Children, Famiglia Cristiana [Italian magazine], 05/08/2014;*
- *Who is Malala Yousafzai? Nobel Peace Prize 2014, Public Sphere, 10 October 2014;*
- *Roberto Vicario, Recensione Difret Il Coraggio Per Cambiare, L'emancipazione Della Donna, raccontata con coraggio! [Review of 'Difret' - the Courage to Change, Women's emancipation, told with courage!] game surf, 21 January 2015;*
- *Memory Banda, A warrior's cry against child marriage, TEDWomen 2015 ('I will marry when I want'.) https://www.ted.com;*
- *Zeresenay Berhane Mehari 2014, Difret, from ComboniFem, Missione Vicenza webdiocesi, March 2015;*
- *Young Afghan rapper escaped a forced marriage thanks to her music, Global Voices, 25 May 2015;*
- *Sonita Alizadeh. Brides for Sale, Antiwarsongs.org, 26 June 2015;*
- *Girls Not Brides, New Research Identifies What Works Best To Delay Marriage In Ethiopia And Tanzania, 18th Aug 2015;*
- *On Day of the Girl, join #MyLifeAt15 & tell governments to end child marriage now! Girls Not Brides, 1 Oct. 2015;*
- *Joyce Hackel AND Julia Barton, The Story Of One Girl Who Fought Abduction, And The Lawyers Who Saved Her Life, Pri's The World, October 22, 2015;*
- *Valeria Panzeri, Mariama, 13 anni, era la migliore della scuola, l'hanno venduta per 152,42 euro [Mariama, 13 years old, she was top of her school, they sold her for 152.42 euro], Urbanpost.it, 18 November 2015;*
- *Valeria Panzeri, Speciale Spose bambine [Child brides special]: Aisha orfana, malata e secondo lo zio posseduta dal maligno, [Aisha an orphan, ill and possessed by demons according to her uncle], Urbanpost.it 14 January 2016;*
- *Tanzania Wins UN Praise for Anti-FGM Stance, Daily News (Dar es Salaam) , 11 Feb. 2016;*
- *La Tanzania ottiene l'elogio dell'ONU per le Deliberazioni contro l'infibulazione e I Matrimoni Precoci [Tanzania earns the praise of the UN for its Resolutions against infibulation and early marriage], Onerpo, February 2016;*

- *Nepal Girl Summit, His Royal Highness Prince Harry opens the Nepal Girl Summit, government/news/nepal-girl-summit 23 March 2016, www.gov.uk;*
- *Il 'Nepal Girls Summit Per Un Reale Cambiamento Contro I Matrimoni Precoci E Le Mutilazioni Genitali Femminili, [Nepal Girls Summit' for a Real Change Against Child Marriage and Female Genital Mutilation], Onerpo, 25 March 2016;*
- *Keep Reading, Reflecting on national strategies to end child marriage: lessons from …, In Terris, 22 Apr. 2016;*
- *Paola Amicucci, Kriti, la ragazza indiana che ha salvato 900 bambini dai matrimoni forzati, [Kriti, the Indian girl who has saved 900 children from forced marriage], Corriere della Sera, 20 May 2016;*
- *Geraldina Colotti, Spose bambine, Erdoğan cede alla piazza, [Geraldina Colotti, child brides, Erdoğan gives in], Il Messaggero, 23.11.2016;*
- *Ellen Travers (Girls Not Brides) and Meg Greene (Greene Works), New research on child marriage in 2016: what did we learn?, Girls Not Brides, 26th Jan 2017;*
- *Matilda Branson, Reflecting on national strategies to end child marriage: lessons from 11 countries, Girls Not Brides, 10th Feb 2017;*
- *Onerpo, matrimoni precoci in Messico [child marriage in Mexico]. La storia di Itzel sposata a 14 anni, [The story of Itzel married at 14], (Girls Not Brides, A day in the life of Itzel, a 15-year-old bride in Mexico 25th Apr. 2017);*
- *Ellen Travers, Girls Not Brides on Thursday 6th July 2017*
- *Abdul Gani, Darrang, Assam Facebook And WhatsApp Are Helping Check Child Marriages In Assam, Huffingtonpost.In, 22 June 2017;*
- *What if radio could end child marriage? Stories from the DRC – Girls Not Brides, 13 February 2018;*
- *Mario Consani, Matrimonio combinato dal padre col nipote in Bangladesh: la donna strappa i passaporti, lui chiede il duplicato per il viaggio, [Father arranged marriage with his nephew in Bangladesh: the woman tore up their passports, he asked for duplicates for the trip] Il Giorno, 27 May 2018;*

- *Malaysian National Che Abdul Karim, 41, Weds 11-Year-Old Thai Girl, 2 July 2018, News From Women;*
- *The bride's a child? Photographer refuses to take pictures and becomes a hero, Globalist, 10 July 2018;*
- *Lakshmi Sundaram, Incontro Globale Girls Not Brides 2018, Onerpo, (Ten Takeaways From The Girls Not Brides Global Mee.*

EINZELNACHWEISE

[1] *Ilaria Sesana, Le spose-bambine derubate del futuro [Kinderbräute, die ihrer Zukunft beraubt wurden] – Famiglia Cristiana, 05/08/2014;*

[2] *Ebenda;*

[3] *Kinderheiraten in Mexiko. Die Geschichte von Itzel, die mit 14 heiratete, Onerpo; Ein Tag im Leben der 15-jährigen Itzel, Girls Not Brides, 26. April 2017;*

[4] *„Ich, Nojoud, zehn Jahre, geschieden" von Nojoud Ali und Delphine Minoui veröffentlicht am 22. Januar 2009 von Michel Lafon;*

[5] *Wer ist Malala Yousafzai? Friedensnobelpreis 2014, Public Sphere, 10. Oktober 2014;*

[6] *Roberto Vicario, Kritik über „Difret, the Courage to Change", Weibliche Emazipation, mit Mut erzählt! Game Surf, 21. Januar 2015;*

[7] *Lakshmi Sundaram, Ten takeaways from the Girls Not Brides Global Meeting – 11 July 2018;*

[8] *Memory Banda, A warrior's cry against child marriage, TEDWomen 2015 („Ich heirate, wenn ich will". https://www.ted.com;*

[9] *Brief des Botschafters Sebastiano Cardi, Ständiger Repräsentant Italiens bei den Vereinten Nationen in New York, an Onerpo, 23. November 2016;*

[10] *Italienische Abgeordnetenkammer, Texte auf der Agenda – Treffen Nr. 463, Donnerstag 16. Juli 2015;*

[11] *Ebenda;*

[12] *Beschluss der Italienischen Abgeordnetenkammer am 21. Juli 2014, unterschrieben von Locatelli, Zampa, Bergamini, Binetti, Galgano, Gigli, Spadoni, Nicchi, Gebhard, Giorgia Meloni, Bechis, Albanella, Amato, Carocci, Chaouki, Cimbro, Di Gioia, Di Lello, Di Salvo, Fabbri, Fitzgerald Nissoli, Gadda, Gribaudo, Gullo, Iori, Patrizia Maestri, Malpezzi, Marzano, Mongiello, Palma, Pastorelli, Piazzoni, Piccione, Quartapelle Procopio, Rocchi, Sbrollini, Tidei, Tinagli, Venittelli, Ventricelli, Vezzali, Villecco Calipari, Carfagna, Giammanco, Scuvera, Antimo Cesaro, Artini, Baldassarre, Barbanti, Matarrelli, Mucci, Prodani, Rizzetto, Segoni, Turco, Antezza, Labriola, Amoddio, Boldrini, Carnevali;*

[13] *Dokument Nr. 1-00945, 13. Juli 2015, unterschrieben von Rondini, Fedriga, Allasia, Attaguile, Borghesi, Bossi, Filippo Busin, Caparini, Giancarlo Giorgetti, Grimoldi, Guidesi, Invernizzi, Marcolin, Molteni, Gianluca Pini, Saltamartini, Simonetti);*

[14] *Antrag 1-00637 vom italienischen Senat Senate 4. Oktober 2016, unterschrieben von Fedeli, Stefani, Bianconi, Bernini, De Petris, Bonfrisco, Bencini, Gambaro, Repetti, Bisinella, Albano, Amati, Astorre, Bellot, Cantini, Cardinali, Cirinna', Cuomo, D'adda, Dalla Zuanna, Fabbri, Fasiolo, Ferrara Elena, Filippin, Giacobbe, Ginetti, Idem, Lo Giudice, Manassero, Mattesini, Maturani, Munerato, Orru', Padua, Pezzopane, Puglisi, Puppato, Ranucci, Rossi Gianluca, Sangalli, Sollo, Spilabotte, Vaccari, Valdinosi, Sonego, Saggese;*

[15]*Kinderheirat kostet Milliarden von Dollar in der Welt, Onerpo, 5. Sept. 2018, freie Teilübersetzung (Rachel Clement, The economic and human costs of child marriage – and what we can do about them, 5th Sep. 2018);*

[16]*Pakistan: Fahrer malen das Bild „lernendes Mädchen" auf LKWs, um sich für die Rechte der Frauen auf Bildung einzusetzen; von newsd. 3. Dezember 2018; (Pakistan) (Onerpo Übersetzung, 5. Dezember 2018);*

[17]*Maria Sordino, Sonita Alizadeh wehrt sich: „Mai più spose bambine" [Keine Kinderbräute mehr], 2anews.it, 29.10.2017;*

[18]*Junge afghanische Rapperin entkommt durch ihre Musik der Zwangsheirat, Global Voices, 25. Mai 2015;*

[19]*Sonita Alizadeh, Brides for Sale, www.antiwarsongs.org/canzone.php?lang=en&id=50101, 26 June 2015;*

[20]*Valeria Panzeri, Speciale Spose bambine [Kinderbräute Sonderausgabe]: Aisha orfana, malata e posseduta dal maligno, secondo lo zio [Aisha, eine Waise, laut ihrem Onken krank undvon Dämonen besessen], Urban Post, 14 January 2016;*

[21]*Türkei, Fotograf weigert sich eine Hochzeit zu fotografieren, weil die Braut erst 15 Jahre alt ist, Blitz Quotidiano, 12. July 2018;*

[22]*„Mai più spose bambine" Petition, #maipiùsposebambine, Wanda Montanelli, Avaaz.org, 15. September 2013;*

[23]*Wanda Montanelli, Matrimoni precoci e forzati in Europa [Kinder- und Zwangsheirat in Europa], Bericht vom 4. März 2016, Nuova aula del palazzo dei Gruppi parlamentari via di campo marzio 78, Rome. (Amnesty International Konferenz, Zu früh auf die Kindheit verzichten: Kinder- und Zwangsheirat, eine Verletzung der Menschenrechte).*